男の一日一作法

小笠原敬承斎

光文社新書

序章　礼儀作法の基本は「こころのあり方」

異性から「素敵な人」と思われたい気持ちは、男性も女性も同じである。年を重ねても、異性から魅力を感じられる人でありたいと願う気持ちは、なくしたくないものだ。

ただ、大切なことは、「見た目」だけで人の魅力は決定されない、ということである。とかく礼儀作法は、この「見た目」の美しさのためにあるように思われがちなのだが、そうではない。「見た目」を磨くには、「こころ」を磨くことが不可欠であり、その「こころ」こそ、礼儀作法には欠かせないのである。

小笠原流礼法は、今から約七百年前の室町期に、武家社会において確立された。したがって、それぞれの作法の根底にある考え方は、男性社会のなかで築き上げられ、はぐくまれたものといえよう。

すべての作法には、理由がある。理由がわかっていれば、それぞれの状況に必要とされる作法やマナーを忘れてしまったときにも、自分で答えを導き出せる。

だが、「見た目」の動作や知識ばかりに重点が置かれると、どうふるまえばよいのかという答えを忘れた場合に、思い出す術《すべ》がない。

作法の理由を学び、それらを理解することは、さらには自然なふるまいへとつながる。礼儀作法を身につけると堅苦しいふるまいになってしまうというのは、「こころ」が存在せずに「かたち」、つまり作法ばかりに拘泥《こうでい》してしまっているからである。

室町時代の伝書に説かれている作法の数は膨大だ。たとえば、手紙に関する心得には、相手の地位や自分の立場との関係によって、宛名《あてな》ひとつとっても書き方が異なる場合がある。だが、その作法すべてには、共通して「相手を大切に思うこころ」が存在している。だからこそ、一辺倒《いっぺんとう》なふるまいや知識に重きを置くのではなく、こころを理解することが大切なのだ。

水は方円の器に随《したが》うこころなり

これは小笠原流の伝書にあるこころがまえなのだが、まさに臨機応変なふるまいを説いている。

「水は器のかたちによらず存在しているのと同様に、わたしたちも時・場所・状況に応じた自然なふるまいが大切である」という意味。その自然なふるまいをするには、できる限り多くの作法を身につけておき、そのうえで、それぞれの場面に応じた適切な判断をすることが重要である。

なぜなら、たとえ「相手を大切に思うこころ」が存在していても、わずかな作法しか知らないがゆえに、適切なふるまいができず、誤解を招く恐れがあるからである。だからこそ、基本的なことはしっかりと身につけていただきたい。

それは、携帯電話のガイドブックに、さまざまな機能について説明がされていることにも似ている。携帯電話のガイドブックは、国内で電話がかけられてメールの送受信ができれば十分だという人には、必要のないものかもしれない。

だが、そのような考えの人でも、海外旅行時にふだん国内で使用している携帯電話を持っていく場合には、一度はガイドブックに頼らないと使用方法がわからないはずだ。実際にさまざまな機能を使用するか否かに限らず、ガイドブックに説明されていることをひとつでも多く知っていると、緊急時や突発的な出来事が起こったさいにも慌《あわ》てることがない。

礼儀作法も同様である。知らなくても生活はできるものの、日常生活のあらゆる場面において、いつでもこころにゆとりを持って行動し、周囲との円滑な人間関係をはぐくむために、基本的な作法を身につけておくことが欠かせないのだ。

ところで、年を重ねるごとに、こころにゆとりを持つことがしあわせにつながると思えてならない。こころにゆとりがなくなると、自分のことだけで精一杯になる。すると、ものごとを俯瞰《ふかん》してではなく、狭い視野でしか見られなくなってしまい、周囲との人間関係がギクシャクする。それを防ぐには、自己抑制することが欠かせない。

自己抑制と聞くと、我慢をするとか、自分自身を抑えつけるなど、マイナスなイメージを持たれがちである。だが、決してそうではない。自己抑制によって、状況に応じた適切な判断ができると、相手に不快な思いを与える可能性が低くなる。その結果、自分もしあわせな思いに到達できることが多くなる。

こうした感情のコントロールは、武士にも欠かすことができないこころがまえのひとつであった。封建制度の厳しい社会において、感情のおもむくままに行動したのでは、自分の命を落とすだけでなく、主君の命をも危険にさらすこともあったであろうし、ときに家族の命まで奪われる可能性も考えられたからである。

嬉しさや喜びと比べて、辛い、悲しい、悔しい……といった感情を抑制することは難しい。

だが、そうした感情を抑制するということを、前向きに捉《とら》えるのか、あるいは後ろ向きに捉えるのか、それは誰かが決めてくれるのではなく、その人自身のこころでしか判断できないことなのだ。

礼儀作法の真髄は「積極的なこころの働きかけと、控えめな行動」だと思う。それには「すること」と、あえて「しないこと」、そのどちらもが必要なのである。

その例として、「遠慮《えんりょ》」について考えてみたい。

一般的に、「遠慮」というこころの働きの持つイメージは、ポジティブなものというよりは、ネガティブなものではないだろうか。ところが、「遠慮」は、ポジティブシンキング、すなわち「積極的なこころ遣い」がないと、成立しない。

遠慮とは、「遠くを慮《おもんぱか》る」ということ。

自分の行動や発言によって相手がどのように感じるのかを、こころを「遠く」へ馳《は》せて考える、つまり相手への思いを、「今」でなく「先」へ「先」へと馳せ、「相手を慮る」ことが基本なのである。

遠慮をすることで、一見、相手からは消極的な態度と見られることがあるかもしれない。

しかしそれは、「自分はいかにもあなたのために行動しています」ということをひけらかしていない証《あかし》なのである。

「自分自身をひけらかさないこと」、すなわち「しないこと」と、「相手へのこころ遣いを忘れないこと」、すなわち「すること」のバランスが、遠慮には欠かせない。

そして、このこころがけは、「遠慮」に限ったことでなく、日常におけるあらゆる行動にも必要とされるものではないだろうか。

本書では、小笠原流礼法の基本となるふるまいやこころがまえについて、三十項目を挙げて触れてみようと思う。これによって、読者の皆様が自らの意識で、「こころ」と「かたち」を身につけるきっかけをつくっていただければ幸いである。

一日に一作法を学び、実践してはいかがだろうか。

目次

第五章　冠婚葬祭はこころで対応する　175

イラスト・中川原　透
編集協力・久本勢津子（CUE'S OFFICE）
帯写真・島袋智子／ヘア&メイク・麻生陽子

第一章　自分を律してみる

一、今日一日、すべての時間より早く行動してみる

中学生の頃、所属していたテニス部の顧問の先生や上級生から、コートに集合するさいは「五分前行動を守ること」を原則として言い渡されていた。

当時は、それが義務付けられた理由について、目的地に早めに到着して時間に遅れないためのルールなのだろう、というくらいにしか考えていなかったように思う。だが、礼法を学ぶにつれ、時間にゆとりを持って行動することが相手に対するこころ遣いにつながることだと、自然に理解するようになった。

夏は、待ち合わせの時間よりも早めに到着することで、汗を拭《ぬぐ》い身体のほてりを冷ますこ

とができる。汗ばんだ顔や手を拭わずに相手と対面するのは、身だしなみを整えていない状態のまま対面してしまっているのと同じである。

冬であっても、待ち合わせの時間に間に合いそうにないからと走って現地に向かい、息を切らせながら到着したのでは、忙《せわ》しない雰囲気が先方にも伝わってしまう。

したがって、季節を問わず、早めに到着して身だしなみを整えることは、社会人としての最低限のマナーである。

また、早めの行動は、身だしなみのみならず、気持ちを安定させるうえでも必要なこと。なぜなら、気持ちを落ち着かせることは、相手を大切に思うこころのゆとりにつながるからである。気持ちが焦《あせ》っている最中は、自分のことだけでもままならないのだから、人のことを考えるゆとりなどあるはずがない。

以前、こうした考えに通じる話を、武道を嗜《たしな》んでいる方からうかがったことがある。「剣の達人」と聞くと、動きのスピードこそが勝負、などと思ってしまうのだが、決してそうではないそうだ。

スピードに頼る必要がない出足のよさと、空間における間の使い方は絶妙であり、それが全体の動きの余裕をつくり上げるらしい。だから、達人はジタバタせずに、一見、遅いとも感じられるくらいの動きをしながら、剣を操るのだという。

礼法も同じで、入門したばかりの人は、何かと動きにゆとりがない。次にどう動くべきかという知識ばかりに意識が向き、こころが止まってしまって、気持ちではなく頭でばかり考えてしまうのだ。動作のぎこちなさは、「こころ」の動きが遅くなっている証拠である。


さて、私が尊敬している方から、ご自身が新入社員の頃は、毎日誰よりも早く出社し、朝のうちに必要と思われる情報をまとめ、皆のデスクに配布していたという話をうかがった。一日も欠かすことなくこれらを実行するのは、決して容易《たやす》いことではない。だが、この積み重ねこそが今の自分の根本を支えていると、懐《なつ》かしそうな表情で話してくださった。人には見えない努力が、人間としての深みをもつくり上げているように感じられた話である。

このように、他者からの指示ではなく自発的に行動することは、決められた時間より早く行動する精神につながると思う。

自発的な行動については、小笠原流の伝書にも説かれている。

主人の御意なくとも座にてすべきこと。掛かりたる絵のゆがみたるを直すこと、あるいは蔀《しとみ》の掛け金、よろず危なき物を直す事、これ第一、奉公人の心得たるべし

壁に掛かっている絵がゆがんでいたり、蔀（格子組の裏に板を張った道具で、現在の雨戸やカーテンのような役割のもの）の掛金がはずれそうになっているなど、危険性のあることを見つけたときには、たとえ仕えている主人からの指示がなくても、積極的に直すのが、奉公する人の心得である、ということ。

これは、自ら気づいて動くことができないと、決して活かされることのない心得である。また、『葉隠《はがくれ》』に書かれていることなのだが、相手から招かれたさいの心得として、招かれる日に関することは、前日の晩から考えて書き留めておくことがよしとされた。たとえば、殿様は前夜から相手のことを調べ、挨拶や話の内容まで吟味《ぎんみ》していたという。座のすべてを予測し、対応する準備があったということである。

先日お目にかかった方から、まさにこの心得に通じる、事前の準備に関するお話をうかがった。その方は、誰もが知っている大企業のトップを務められたご経験がある。海外でも活

躍されていたため、語学には事欠かないとお察しするのだが、外国人に対して英語で思いを伝えることは、日本語の場合と比べて限界があるとおっしゃる。

したがって、たとえ公の席ではなくプライベートな席であったとしても、伝えたい内容を的確に相手へ伝えられるようにと、事前に紙にまとめて整理されているとのことだった。

いつお目にかかっても話題が多く、仕事の経験も豊富で、頭の回転が速い方であるだけに、このお話をうかがって、さらに尊敬の念が深くなった。

ところで、最近は時間にルーズな人が増えたように思う。待ち合わせの時間に少々遅れることが気にならない様子である。おそらく、日常生活のなかで時間に対する危機感に迫られることが減少したのだろう。あるいは、そうしたことを、とやかくいってくれる大人が減ってしまったことも原因と考えられる。

早く行動することは、時間を有効に使うことにつながる。たとえば、昔から「早起きは三文の徳」といわれるように、朝、十五分早起きするだけでも違う。朝の十五分は貴重な睡眠時間とも考えられるが、たった十五分の早起きで、毎日の生活リズムが整えられるきっかけになるかもしれない。

実際、私は朝の十五分を活用して、軽めのストレッチや筋トレを行っている。それによって、すっきりした気分で仕事場へ向かうことができる。一日たった二十四時間しかないのだから、少しでも時間を有効に使うことが大切だと思えてならない。

何よりも、時間よりも早く行動することは、最終的には自分のこころのゆとりにつながる。このことを忘れないようにしたいものである。

今日一日は、こころも行動も、早め早めをこころがけてみてはいかがだろうか。

二、黙って過ごしてみる

人と話をすることが苦手、という人であっても、たいていは、社会生活を送るうえで、一言も人と話さずに一日を終えることは難しいだろう。

日本人はもともと、ことばですべてを表現しなくても、相手の気持ちを考え、行動する文化を持っているが、その一例として、講談の『太閤記《たいこうき》』にある話を取り上げたいと思う。

ある暑い日に秀吉が山寺を訪れたさい、秀吉は小坊主にお茶を所望《しょもう》した。大きめの椀に薄いお茶がなみなみと入れられ、秀吉のもとへと運ばれたのだが、喉《のど》が渇いていたため、秀吉はすぐにこれを飲み干した。

次に出されたお茶は、濃いめで、さきほどのものよりも温度が高く入れられていた。

さらに次の一杯を所望すると、ようやく普通の濃さと温度で入れられたお茶が運ばれたのである。

現代においても、盛夏でうだるような暑さのなかを歩いて目的地へ到着したときは、どんなに高価な茶葉で淹《い》れた温かいお茶よりも、ペットボトルの冷たいお茶のほうがはるかに美味しく感じることがある。

あるいは、たとえ外の気温が高くても、冷房がききすぎて寒いくらいの室温のなかで、長時間にわたって会議を行っているような場合は、温かいコーヒーが運ばれるとホッとすることもある。

お客様に、「温かいお茶になさいますか。それとも冷たいお茶になさいますか」と尋《たず》ねることができる状況は楽なわけで、ことばを用いずに相手のこころを読むのは、普段からの意識の積み重ねなくして実現しえないのである。

日本人の礼儀に対する観念には、自己を抑制することが不可欠である。自らを抑制する段階はさまざまあるが、その第一段階として、足音や話し声、食事中の啜《すす》る音や咀嚼《そしやく》の音など、自分の発する音によって周囲に不快感を与えないようにする、「静粛《せいしゅく》の気遣い」が挙げられる。つまり、自分の欲求をそのまま表現しないことから、このこころがけはスタートするのである。

だが残念なことに、公共の場での、この「音の静粛」に対する配慮は、年々減るばかりだ。明治の頃まで話がさかのぼるが、小笠原家に仕えていた家老は、廊下を歩く足音すら立てず、襖《ふすま》のきわでは、咳ばらいにもならない程度の軽くしわぶく程度の音を立てて、ようやく主人に自分がそばにいることを知らせたという。

日常生活において、ここまで徹底する必要はないのだが、周囲のことなどまったく気にもせず、自分の欲求を満たすことが先決であるかのようにふるまわれがちな現代だからこそ、こうした考え方を忘れないでいていただきたいものである。

さて、聞き上手の人は、こころ遣いのある人だと思う。黙って相手の話を聞きながら、ときおりことばをはさみ、さらに相手が心地よい気分で話を進めていけるようにするには、序章の「遠慮」に通じるような、自らのこころへの積極的な働きかけが必要だからである。

最後まで相手の話を聞かずに途中で意見したり、あるいはいつの間にか自分の自慢話にすり替えたりしてしまうのは、容易いことである。だが、ときには進んで聞きたくない話であっても、黙ってその話を聞いていると、案外新しい発見ができるものだ。

当然のことだが、聞き上手になるには、相手の立場でものごとを捉えられる思考を養わなければならない。人間はとかく、相手の話を聞く前に自己をかまえていて、そのものさしで相手の話を推《お》し量《はか》ることが多いのではないだろうか。あるいは、相手が話している最中に、次に自分の伝えたいことを頭で考えてしまったりもする。さらには、相手の話が自分の求めていた返答と異なると、わだかまりができてしまうこともある。

このような状況のときは、ただ聞いているフリをしているだけで、相手のことばは「音」にしかすぎない。もちろん、相手の話にどの角度から考えても興味が持てなかったり、共感できないこともあるだろう。

双子のきょうだいがいる人や双子を持つ親から聞くと、外見はほとんど同じでも、性格はまったく異なるという。双子ですらそうなのだから、まったく同じ考え方を持つ他人がいるはずもなく、だからこそ、さまざまな思考を持つ人々が円滑な社会生活を営むために、礼儀作法が必要とされる。

また、相手が親しい間柄の人だからこそ、知りたいと思うことをあえて聞かない、尋ねない配慮が大切な場合もある。往々にして、明確な答えを求めるのは、相手のためではなく、自己を満足させるだけのことも考えられるからだ。

「至言は言を去る」という荘子の教えがある。最高のことばというのは、口に出して表現するのではなく、無言のなかにあるわけで、ことばで語っているうちは最高とはいえない、という意味。無言で相手を思い、そのこころを届けられるとしたら、なんと素晴らしいことであろう。

相手のこころに思いを傾けて、相手のこころの声を聞く。黙って過ごすことをこころがけてみる一日で、新たに見えてくるものがあるかもしれない。

三、こころのさじ加減を意識して行動してみる

贅沢なことかもしれないが、何ごとも少なすぎては物足りなさを覚え、多すぎては不愉快にすら思うことがある。先日も、その一例ともいえる話をうかがった。ある日本料理店を訪れ、カウンター席でお店のご主人と話していたときのことである。

それぞれの料理のさじ加減が素晴らしく、しかもどれをとっても量は控えめ。「もう少しいただきたいところですが、このくらいがよいのでしょうね」

と語りかけると、ご主人は、

「多すぎるとそれぞれの料理の印象が薄らいでしまうものですし、逆に少なすぎては物足りなく感じられると思います。料理のさじ加減と同様、もう少し食べたい、そう思っていただ

ける量のさじ加減は、おそらく八分目程度にお腹を満たすぐらいではないかと……」と答えてくださった。

本当にその通りだと思う。量を多くし、高価な食材ばかりを揃《そろ》えれば、おのずと食事の費用は値がさとなる。だが、果たしてそれが、本当に一流といわれるお店のとるべき姿勢なのかと考えると、釈然としない。ふたたびお店を訪れたいと思う要素は、店内の清潔さ、お料理の盛り付けや、味の素晴らしさはもちろんのこと、ご主人の人柄にある。

人気があるお店であっても、それに驕《おご》ることのない、ご主人の控えめでありつつも気配りを忘れない態度、さらには、押しつけのない料理のさじ加減、そうしたものが客の満足につながる。それがひいては店内の心地よい空気感をつくり出し、客に対する最高のもてなしになるのではないだろうか。

このような料理の味や量に対するさじ加減と同じように、人間関係においてもさじ加減が必要である。

たとえば、食事の席で、相手の盃《さかずき》やグラスに入っているお酒の量が、少なくなるたびに注いでいると、相手の方が「自分のペースでいただきますのでお気遣いなく」とおっしゃることがある。もちろん、相手の側の気遣いから発せられたことばではあるのだが、それと同時に、こちらは気をきかせているつもりでも、かえってお酒を無理強《むりじ》いすることになってしまったり、相手の負担になっている場合もあるのだ。

勧める側も受ける側も、互いのこころのさじ加減が必要。その基本となるのが「三辞三譲《さんじさんじょう》」である。

三辞三譲ということばには、勧めるのも遠慮するのも、お互いに三度まで、という意味が込められている。どちらも三度以上になると、勧める側は押しつけがましい態度に、遠慮する側はかたくなな態度と思われ、かえって相手に対して失礼になりかねない。

たとえば、寒い冬空の下を歩いて訪問したさい、身体を温めていただきたいと、お茶が出されたとしよう。だが、すぐにいただくことは控えめに欠けた態度と思い込んで、時間が経過してからお茶をいただいたのでは、もてなしのこころを受け止めていないことになってしまう。

あるいは、お客様が自宅を訪ねていらしたさいに話が弾《はず》み、嬉しい気持ちが高まって、もう少し滞在していただき、夕食をご一緒したいと思うときでも、相手の都合を確認することをおこたってはならない。こちらは好意でお誘いしていたとしても、相手の負担になることもありうる。

さて、小笠原流の伝書には、こころのさじ加減に通じる教えがある。

惣別《そうべつ》、人の物申し候わん時、何となきようにてそのところをたちのくべし。耳たてして聞くべからず

誰かが会話をしている場合は、何気なくその場を外すべきで、耳を立てて話の内容を聞くことがないように、という心得である。

たとえば、パーティの席において、初めてお目にかかった方と挨拶《あいさつ》を交わし、世間話をしていると、相手の知り合いが会話に入っていらっしゃることがある。その後、自分の知らない話題に及んだとき、しばらくその場に滞在しているほうが自然な状況と、内容によっては何となくその場を離れたほうがよいと思われる状況とに分かれる。そのどちらであるかを見極める判断力が、この教えに通じる。

また、そうした席では、いつでも積極的な態度で相手に接することばかりがよいとは限らず、だからといって、相手が話しかけてくれることを待つばかりの態度も好ましくない。自己を抑えながら、どの程度、積極的な行動をとるのか、というさじ加減は、それぞれの判断に任せるほかかない。ここにも、自分のこころへの積極的な働きかけが必要となる。

さて、『葉隠』に、「見え過ぐる奉公人はわろし」という一文がある。これに関しては、さまざまな解釈ができると思う。

この文には、次のような続きがある。

世間の矛盾に疑問を感じ、隠者をまね、濁《にご》った世の中だの忙しない都だのと思い、仏道の修行をして死生観を学び、詩歌を嗜み、風雅を好むことは、一見、大切なことのように考えられる。

しかし、隠居した人や出家した人ならばそれもよいだろうが、奉公人には、こうしたことは第一に禁物である。なぜなら、このような生き方は、武士の道において、一個人が安堵《あんど》を願ってこころを清くしたいと願う気持ちに端を発しているからで、奉公人がこのようなことを好むのは、日々の苦労から逃避しようとする単なる腰抜け者の態度にすぎない……などということが説かれている。

当時は、ただ奉公すること、一途にうちこむことが、奉公人の心得と考えられていたのだ。現代社会においても、仕事をするなかで、あらゆる矛盾が目につきやすい人は、その「気づき」を抑えて、周囲と協調しながら社会生活を送るのは苦悩も多いことであろう。出世したいのならば、矛盾を正そうとすることよりも、そのときの流れに逆らわずに、忠誠を誓って行動することが望まれるのは、昔も今も変わるところはない。

武士のなかでは、出世は私利私欲に走るためだけのものではなく、お家のために多くの貢献をしたからこその出世であるのだから、堂々とそれを望む、という姿勢がよしとされた。

多くのことにこころを馳せ、現在ある状況を理解し、先を見通す力は立派なことである。だが、見えすぎることを相手に感じさせることが望ましいとは思えない。五項目でも触れるが、わかっていても気づかないフリをする、見えていても見えないフリをすることも、ときには必要である。

こころのさじ加減に配慮した一日も、ときにはいいものである。

四、先を察して動いてみる

相手に喜んでほしい、楽しい気持ちになってもらいたい、安心感を与えたい……そう思うのならば、先を察して動いてみることである。

仕事上の人間関係も同様であるが、単に、相手が話すスピードに合わせて、無難な受け答えをしたのでは、相手に喜びを届けることは難しい。相手の話を聞き、それを受け止めることはもちろん大切なのだが、さらに自分はどうふるまうことが望ましいのか、あるいはどの方向に話を進めたらよいのだろうかと、積極的に自分のこころを先導させようとするこころがけが重要なのである。

それには、相手の発したことばにこころを留めてしまうのではなく、表情や話の間なども考慮に入れ、全体的に気持ちを理解しようとこころを動かすことが欠かせない。

小笠原流の伝書には、こうした「察するこころ遣い」について説かれている箇所が多く、次の教えもそのひとつである。


主人、文を御覧じて火に入れよと仰せあらば、御前にて裂き候いて持ちて立ち、火に入れべし。これは御前に火なきときのことにて候

これは、ご主人が手紙をご覧になったあと、「火に入れて処理するように」との指示があるにもかかわらず、火が近くにない場合にはどうするのか、ということについて説かれたものである。

そのような状況下で、仕えている者から「火が近くにないので、ひとまず手紙は私を信用いただいてお預かりし、のちほど火がある場所で処分いたします」などといわれてしまったら、いかがなものだろうか。本人を目の前に、「あなたを信用してこの手紙を預けることは難しい」と断ることも気が引ける。

そこで、あらかじめ主人の前で、手紙を破った状態にしてから、それを火のある場所へと運ぶわけである。そうすれば主人は、自分の知らないところでその手紙が他の人に読まれてしまう危険性がないと安心する。つまり、この教えは、相手の心配する気持ちを先に読み、安心感を与えるこころ遣いなのだ。

相手が自分に対して伝えにくい状況にあることを察し、先にそれをこちらから提示することで、相手が安堵し、胸を撫《な》で下ろすことは、日常のなかで多くあると思う。そのことを痛感する貴重な機会を、平成二三年三月一一日の東日本大震災において、被災した門弟が与えてくれた。

その話に移る前に、被災された方々には、こころからのお見舞いを申し上げたい。亡くなられた方々のご冥福を心底よりお祈り申し上げるとともに、ご遺族のお気持ちをお察しするばかりである。

小笠原流礼法を学ぶ門弟は東北にも多くおり、震災直後は彼らの安否が気がかりで、連絡を取り続けたのだが、ご承知の通り電話はつながらず、心配な思いが増幅するばかりだった。

だが、何日か経ってからは、被災した門弟から日々、連絡が入り、最終的には全員の無事を確認することができた。そのとき、家や仕事、さらには親戚を亡くしながらも、私が心配しているだろうと察し、連絡してくれた気持ちにこころから感謝するとともに、察することの大切さを改めて学んだように思う。身内の自慢をしているようで恐縮なのだが、自分や家族の身の安全を守ることだけでも必死な状況下で、こうしたこころ遣いを忘れないでいてくれたことには感服した。

さて、「察する」ことは、日常生活のあらゆる場面に溢《あふ》れている。仕事場で、部下が普段よりも顔色が悪い様子だったら、ひとこと「体調は大丈夫か」「仕事で悩んでいることはないのか」などと声をかけ、相談にのることがあるかもしれない。

家族のあいだでも同様で、妻が不安な気持ちでいることを察したときには、自分が仕事で疲れていても、話を聞こうと努めるこころがけは大切である。

あるいは子どもに対しても、特に思春期などには、微妙なこころの変化を察し、積極的に気持ちをくみとってあげようと努めることを、忘れてはならない。

「察する」というのは、「空気を読む」ことにも通じる。

たとえば、何人かで仕事帰りにお酒を飲みに行った席で、同僚の女性が疲れている様子だったとする。その女性に直接、大丈夫かと体調について尋ねるのではなく、「今日はこのあたりでお開きにしましょうか」と自分から仲間に切り出し、女性が自然に帰路につけるような場の流れをつくることは、察する気持ちが生み出した、やさしいこころ遣いからなる行動といえよう。

ただし、「察する」ことが自分本位で行われてしまうと、相手は感謝するどころか、煩《わずら》わしい気持ちになりかねない。

たとえば、パーティの席で、あらかじめ途中退席せざるをえない事情があるときは、入り口付近の席のほうがよいこともある。だが、それを先方に伝えておいても、上席を用意してくださることもありうる。先方がこちらを大切に思ってくださるゆえの行為なのではあろうが、何を優先させるのかという判断を履《は》き違えてしまうと、相手のこころを煩わせてしまう可能性があることに気づかなければならない。

したがって、もてなす側は、こうした申し出がある場合、途中で退席しても目に立たない出入り口付近の席を用意する判断力が必要だと思う。

とはいえ、たとえ相手の「察する」行為が本来の自分の気持ちを察していなかったとしても、相手がこころを馳せらせ、自分のことを考えてくれたことへの感謝は忘れてはならないように思う。つまり、今度は自分が相手の気持ちを「察する」ことによって、互いの人間関係が円滑になるのである。

先を察するには、いつでも周囲に対して、こころのアンテナを張り巡らせることが不可欠である。それを面倒と思うか、あるいは楽しみながら行うのか……。せっかくならば、楽しみながら行えるようにしたいものだ。

まずは今日一日、近くにいる人のこころを察してみてはいかがだろうか。相手のこころに合わせて行動することによって、周囲の空気がやさしい雰囲気に変化するかもしれない。

五、気づかないフリをする、知らないフリをする

相手のこころ遣いに気づき、その思いを受け止め、感謝をすることは大切なことである。あるいは、自分の身勝手な行いやこころ遣いの足りない発言に気づき、反省し、少しでも自己抑制しながら他者への思いやりをはぐくもうと努めることは、人として生まれてきたからには忘れてはならないこころがけだと思う。

一方、ときに相手の行動や発言に対して、気づかないフリをしたり、知らないフリをすることが必要な状況もある。

千利休が、ノ貫《へちかん》という茶人に招かれて、茶室へ向かう露地を歩いていたときのこと。地面

に少々こんもりしたところがあったのだが、実はその場所、足を踏み入れると落とし穴になっていたのである。のちに、この落とし穴に利休が気づかなかったはずはないと周囲の弟子たちは思ったのだが、利休は見事にこの落とし穴に落ち、泥まみれになってしまった。

そこへノ貫がやってきて、利休を風呂まで案内し、その後、風呂に入った利休が、用意された着物に着替えて茶室へ入ると、ちょうどよく茶が点《た》てられていた。利休の弟子は、落とし穴にわざと落ちたのではないかと利休に尋ねると、利休は、予測はできたものの、せっかくの亭主の趣向を無にしてしまうのはいかがであろうかと思い、自然に穴へと落ちたフリをして、こうした一連の流れにした、と答えたという。

ノ貫のもてなしに関しては、行きすぎているとは思う。おそらくノ貫は、利休が穴へ落ちた瞬間、あるいは風呂へと案内しながらも、複雑な心境だったに違いないし、そうだと思いたい。だが利休のこころ遣いにより、この行きすぎたもてなしは、多くのことを弟子たちに語ってくれたのである。

利休のように、気づいてしまったことを相手に伝えずに、気づかぬフリをして過ごすことは難しい。しかも、自分にとって、多少なりとも危害が加わる可能性があることに対して、見過ごすことなど、なかなかできることではない。

この逸話に通じると思える話を、知人から聞いたことがある。彼は、あるプロジェクトに関して部下が下した決断に、本当にそれでよいのかという疑問を感じていた。また周囲からも同様に、反対の意見が出ていたという。そのとき、彼はどうしたのか……。部下の決断を覆《くつがえ》すこともできたのだが、そうはせず、たとえそれが失敗に終わるとしても、自分が責任を取ればよい、という覚悟をしたのだという。

自分のポジションを守りたいがゆえに、本来部下の示したものとは異なる決定をすれば、部下が成長する機会を失ってしまう。それを避けるべきだという決断であった。つまり、部下に責任を与える覚悟と、それに対して責任を負う覚悟が備わっているということである。最終的に部下の判断は望ましくない結果に終わったが、重大な責任問題にまでは発展しなかったらしい。

上司が部下のミスに対して責任を取るという覚悟は、部下を持つ人なら誰にでも必要なころがけである。だが昨今は、本来、部下を持つ者が身につけているべきこうした覚悟が、欠落している人が増えているように思う。日ごろからそのような上司の姿を見ている部下たちも、いつの間にか洗脳され、自分のことばかりを守ろうとする風潮が会社全体に広がることさえある。いつも覚悟を忘れなかった武士が活躍した時代を思うと、誠に残念なことだ。

さて、知らないフリをすることは、人間関係を構築するうえでも欠かせない配慮である。たとえば、幼い頃、学校の授業で初めて知ったことを誰かに話したくて、帰宅してからワクワクした思いで親に伝えたものだが、親の側も、知っていて当然のことであっても、あたかも初めて聞いたときのように、驚きながら話に耳を傾けてくれていたことを覚えている。

社会においても同様で、会議中に部下の意見を最後まで聞かずに、頭ごなしに否定してしまう上司が存在する。だが、たとえ当をえていない意見であったとしても、それに気づかぬフリをして、まず聞く態度を忘れてはならないのではないだろうか。それには辛抱することである。

ところで、日本には春夏秋冬という素晴らしい季節の移り変わりがある。それと同じで、生きていくうえで人生にも四季がある。穏やかな気分で楽しくて嬉しいと感じるときもあれば、荒々しい気分で苦しくて悲しいと感じるときもある。

つまり人生には、よい時期と悪い時期、いずれも存在するからこそ、そのうつろいが人生の醍醐味といえるのかもしれない。部下や子どもの能力にもこうしたうつろいがあると心得、決して短期間で判断してしまうのではなく、しばらく見守る辛抱が重要だと思う。辛抱は後ずさりするためのものではなくて、前進する作用がある。だから、初めから答えを与えてしまうのではなく、ときには気づかないフリをすることが欠かせない。すなわち、知っていることであっても知らないフリをすることが、相手を成長させるきっかけになるのである。

気づいたこと、知っていることをストレートに表現しない配慮は、やさしいこころ遣いからなるということを忘れないで、過ごしていただきたい。

六、客としての態度を振り返ってみる

男女にかかわらず、客として取る態度は、人柄そのものを表すように思う。

たとえば、やさしい人柄と思っていた方が、タクシーに乗車した途端に、運転手さんに対して横柄なもののいい方で接していると、思わず驚いてしまうことがある。公の場所や主要な道路を知らない運転手さんの側にも、まったく非がないとは思わないが、そこまで言い捨てるような話し方をする必要があるのだろうか、と疑問ばかりがこころに残る。

片や、レストランでのお店の人との会話やふるまいで、今まで感じることのなかった素敵な一面を垣間《かいま》見ることもある。普段は身がまえたところが一切なく、むしろカジュアルな雰囲気を持っている方が、格式のあるお店で丁寧なことば遣いや美しい食事の仕方をなさる姿

は、魅力的である。

先日、ある方から食事に誘っていただいたときのこと。都内でなかなか予約の取れないレストランでの待ち合わせだったのだが、席に通されたあと、お店の人との会話で、その方は予約のさいにお名前のみを告げ、一見《いちげん》として予約されていたことがわかった。

誰でも知っているはずの大企業の役員を務める方であるから、知り合いの方からそのお店を紹介していただくことは難儀でないはずである。なぜ一見として来店されたのであろう……。その理由は、会話を進めていくうちに理解することができた。

「知人からお店に紹介してもらい、さらに会社の名前を伝えれば、おそらく歓待を受けるでしょう。だが、それではそのお店の真のもてなしの姿に触れることができない。興味があり、訪れたいと思うお店ほど、一見として訪れてお店の雰囲気やお料理の味を楽しみたいのです」

と笑いながら話してくださったのだ。

とかく、人は特別に扱われて嫌な思いにはならない。むしろ、嬉しく思う傾向にあるのではないだろうか。そうしたことに通じる話として、以前、友人から聞いた発言を今でもときおり思い出すことがある。

彼は、欲しいと思うたいていのものは手に入れることが可能であろうと推測できるほど、経済的に豊かである。だが、彼が持っているクレジットカードは、たったの二枚。その二枚も、世間で憧れとされている黒やプラチナの色をしているカードではない。「僕の持っているカードはこの二枚だけ」と、そう笑顔で話されている様子を拝見し、一般的なクレジットカードを持つことが素敵に思えたのだった。

誤解しないでいただきたいのは、別段、黒やプラチナ色のカードを持つことを否定しているわけではない。この類《たぐい》のカードに付帯するさまざまなサービスは、利便性に優れている。予約の取りにくい航空券、あるいはホテルやレストランを優先的に予約できたり、支払額の上限が設定されていないことは、高額商品を購入する人に便利だと思う。

だが、こうしたカードを持ち、支払い時に用いることが、客としてのステータスのようにふるまうことには、寂しさを覚える。

また年齢を問わず、社会的立場が上になるにつれ、周囲からの気遣いや応対をあたりまえに感じてしまいがちである。

先日も、ある料亭に働く人から、最近はお客様のこころ遣いが減っているように思う、とうかがった。お店の玄関で履物を外したあと、「どうぞそのままお進みくださいませ」とお店の人が伝えると、そのまま振り向きもせずに歩き出す人が多くなったという。お店の側に脱いだ履物を扱う人がいる場合には、自分で靴を揃えることはむしろ避けるべきであるが、そのさいに、その人に視線を向け、軽く目礼するこころがけは必要である。

自己を顧《かえり》み、常にへりくだる気持ちを忘れてはならない。あらかじめ履物を外すことが予想できる場合は、靴の手入れをし、なるべく中敷が汚れていないものを履いていくことも、客としての最低限のマナーだ。

お店の雰囲気は、客がつくり出すといっても過言ではない。どんなに豪華な内装で、質の高い料理が提供されたとしても、そこへ来店する客の品格が低いと、それだけで居心地の悪い場所になってしまう。それは相手の会社や自宅を訪問する場合も同様である。

最近の傾向として、自分だけでなく、友人や知人など誰か一人でも一緒にいると、その「仲間」だけしか視界に入らなくなり、周囲に対する配慮に欠けてしまう人が増えているように思う。たとえば、お酒が入ると話し声は大きくなりがちであり、そうすると当然、話の内容も他人に聞かれる可能性が増えてしまうことを、こころに留めておかなくてはならない。

幼い子どもがいる場合は、お店を選ぶところから配慮が欠かせない。年齢が低い子どもが大きな声を出し、店内を走り回ることは十分に考えられる。普段はしつけをおこたっているのに、お店にいるあいだだけ「静かにしなさい」と叱っても、無駄であろう。ならば初めから、少々騒いでも迷惑のかからないお店を選ぶのは当然である。飛行機など、周囲の人も逃げ場がない空間で子どもが騒いだ場合には、それを見過ごしているのではなく、対処しようと努力する態度を取ることも重要だと思う。

いずれにせよ、客の側は、もてなされることだけを求めるのではなく、自分自身がその場全体の雰囲気をよくも悪くもする要素のひとつである、という自覚を持つことが欠かせない。

客の持つべき責任とは、お店の人に対する慎みのこころと、周囲に対する配慮を忘れないことである。それをこころに置いて、客としての態度を振り返りながら、今日一日、行動していただきたい。

七、姿勢を正してみる

特に近年は、楽な服装が好まれるようになったせいなのか、姿勢の悪い人は増加の一途をたどっている。水は低きに流れるように、人間も楽なほうへ向かう傾向があるものの、楽な服装ばかりがよいとは思えないし、悪い姿勢は見た目がだらしないだけでなく、健康に悪影響を及ぼしかねない。

昔は正しい姿勢を身につけるために、背に刀を入れることもあったと聞いたことがあるが、身体の動きにまったく障害のない楽な服装は、そのぶん姿勢を崩しやすいと心得ておかねばならない。

姿勢には、その人のこころのあり方が表れるものである。つまり、こころの状態が姿勢という「かたち」に表れ、さらに、「かたち」、すなわち正しい姿勢は、こころを正すことにつながる。つまり、姿勢は相手に対する敬意や感謝を表現できる「かたち」であり、非言語的コミュニケーションの基本なのである。

小笠原流では、正しい姿勢のことを「生気体《せいきたい》」と呼ぶ。正しい姿勢がなければ、そこから発する正しい動きにはなりえない。

ここでいっている正しい姿勢というのは、窮屈《きゅうくつ》で堅苦しい姿勢をいっているのではなく、個々の身体つきに応じた自然な状態を指す。姿勢は、自然な状態が保たれなければ、相手に違和感を与えてしまうことになり、さらには自分の気持ちにゆとりを持つことができなくなってしまう。

では、正しい姿勢についてのポイントを挙げてみよう。

《立っているときの姿勢　九つのポイント》

①両足を平行に揃える。左右のかかとをつけ、つま先は少し開く（女性はかかと、つま先ともにつける）。

姿勢

背筋を伸ばして、あごを引き、頭の重さが土踏まずに落ちるようなイメージで立ちます。

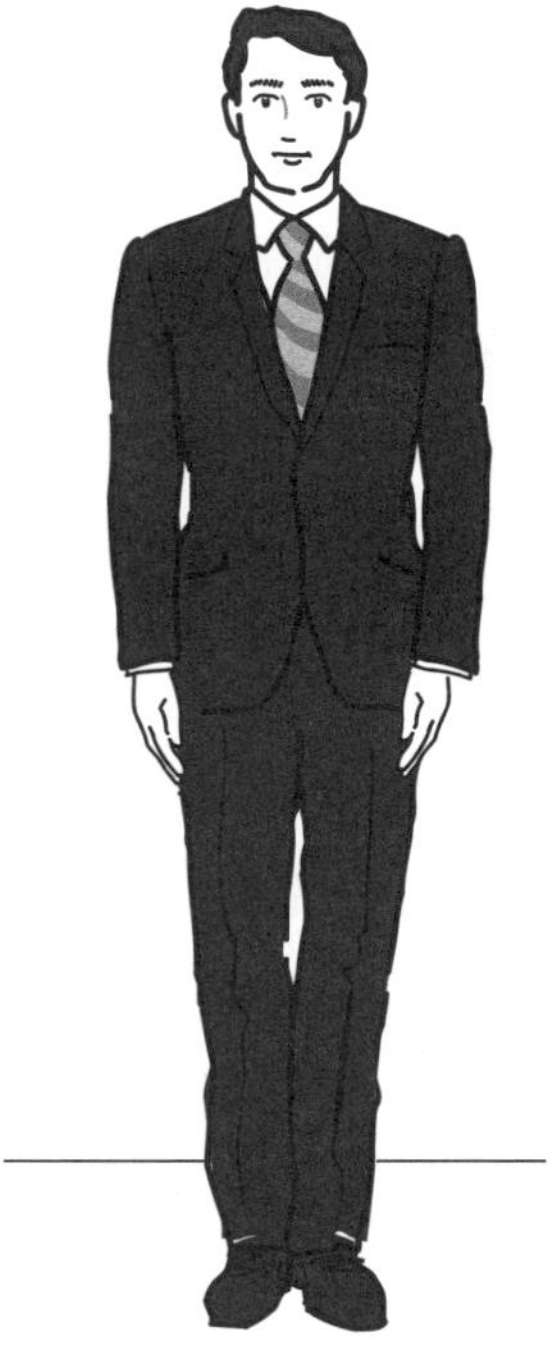

両足は、かかとをつけ、つま先だけを少し開きます。腕は、指先を揃え身体の横にそわせます。

②髪の毛を上から引っ張られ、背骨が腰に突き刺さるイメージで上体を伸ばす。
③下腹を突き出さないように注意する。
④へその下辺りを意識しながら呼吸を整える。
⑤重心は、頭の重さが土踏まずに落ちるイメージを持つ。
⑥あごを引く。
⑦肩の力を抜く。
⑧両手はふくらみを持たせて指を揃えること。その手を身体の横に自然に下ろす。
⑨無理に姿勢を正そうとして、胸やお尻を突き出さないこと。

椅子に座っているさいの姿勢だが、膝を大きく開いて座っている男性が多く、実に格好が悪いものである。しかも一人が使用するスペースが大きくなる分、電車の中など公共の場においては周囲の迷惑になりかねない。女性のように左右の膝をつける必要はないが、男性も膝のあいだを開ける間隔は、ひとこぶし程度と心得ていただきたい。また、椅子には浅めに腰掛けると、正しい姿勢が持続できる。

ところで、実年齢と比べてはるかに若いとお見受けする年配の方に、お目にかかることがある。なぜ若くお見受けするのだろうと理由を考えると、肌のつやがよいなどということだけでなく、正しい姿勢を保たれている方がほとんどなのだ。

その姿勢こそが、その方のこころが健康な状態であることを示しているように思えてならない。

それとは逆に、年齢を問わず、悲しい気分や悩みごとがあるときなどは、肩を落とし、背を丸めた前傾姿勢になってしまうのも、気分が姿勢に表れる証拠である。

さて、姿勢は一夜漬けで覚えることはできない。毎日、正しい姿勢をこころがけ、訓練を重ねることで、ようやく意識することなく自然に美しい姿勢を身につけられる。

アメリカ文学に多大な影響を与えたといわれている詩人、ウォルト・ホイットマンの語ったことばのなかに、このような考え方に通じるものがある。

「最高最善の自由のなかに正しく訓練された人間こそ、一個の法則、一連の法則となるであろう。いや、ならねばならぬ」

小笠原流でも、あらゆる作法に関する知識を深めるだけでは不十分である。一人前と呼ばれるには、内面を磨き、常に真摯《しんし》なこころの状態でいることと、合理的で美しい動作とがあいまって、日常生活のあらゆる場面を満たすことができなければならない。それには、日々の生活のなかで、自分のふるまいを意識し、その場にふさわしい行動ができるようにこころがけることが欠かせない。

また、正しい姿勢をこころがけると、おのずと腹筋と背筋を鍛えられるので、スタイルの向上にもつながる。

意識して姿勢を正し、こころと身体を鍛える一日をつくってみよう。

八、ゆったりとお辞儀をしてみる

状況に応じて深さは異なるものの、大勢の人を前にして行うお辞儀も、一人に対するお辞儀も、動作を行ううえで基本は変わるところがない。人と人とが通い合うとき、最初と最後に行うお辞儀は欠かすことができないが、どれほどの人が、意識を持ってお辞儀を行っているのだろうか。現実的には大半の人は、お辞儀に対する思いが低いように思える。

たとえば、頭を下げることばかりに意識が傾き、前後のゆとりがまったく感じられないお辞儀を見かけることがほとんどである。あるいは、一度の挨拶に何度もお辞儀を行うケースが少なくない。

まずは、お辞儀について詳しく語る前に、姿勢について復習をしておきたいと思う。

姿勢は、ことばを用いることなく相手に対する思いを届けられる、非言語的コミュニケーションの基本であることは前の項目で触れたが、お辞儀も同様といえる。相手を思う気持ちを姿勢に表すには、こころを落ち着かせるゆとりが必要である。

「姿勢」ということばを文字から見てみると、「姿」という文字が身なりを指すだけでなく、「勢」、すなわち活気がともなってこそ、姿勢は成り立つわけであるから、相手を大切に思うこころを活発にすることで姿勢は完成されるといえよう。

さらにお辞儀は、その姿勢をベースに、相手への思いを体現できる素晴らしいコミュニケーション手段のひとつなのだ。ただし、それには、こころを落ち着かせ、間を取ることを忘れてはならない。

多くの人は、「はじめまして」などと挨拶の向上を述べるやいなや、身体を前傾させるのだが、これでは忙しない雰囲気をつくり出す一方である。前項目で挙げたポイントに注意しながら、姿勢を正し、一呼吸してからお辞儀に移る。

当然、小笠原流には座礼の心得もあるのだが、本書では一般的に用いる頻度の高い立礼についてご紹介したいと思う。

お辞儀のポイントは、次の通りである。

《三種類のお辞儀》

〔会釈〕

■正しい姿勢から、両脇にある手が、腿《もも》の前にくる程度まで上体を前傾させる。

■角度にすると15度程度。

■会釈はお辞儀でありながら、慎みを表す姿勢として用いることがある（たとえば高位な方をお迎えするときやお見送りするとき、お客様のそばで控えているときなど）。

〔浅めの敬礼〕

■両脇にある手が、腿のつけ根と膝頭《ひざがしら》の中間辺りにくる程度まで上体を前傾させる。

■角度にすると30度程度。

〔深めの敬礼〕

■浅めの敬礼に比べると、日常生活のなかでの頻度は低いと思われる。両脇の手の指先が膝頭につく程度まで上体を前傾させる。

■角度にすると45度程度。

このほかに、最敬礼と呼ばれている、角度にすると90度程度のお辞儀があるのだが、深めの敬礼よりもさらに日常的でなく、修練を要するお辞儀のため、ここでは触れないでおく。

さらに、いずれのお辞儀にも有効な「礼三息《れいさんそく》」という息遣いを、是非この機会に身につけていただきたい。今まで、息を吸ったり吐いたりすることを考えながらお辞儀をしたことがないという方でも、小学校の頃に学校の先生から、「お辞儀をするときには1、2、3で身体を倒し、4、5、6でもとに戻りましょう」という指導をお聞きになったことはあるかもしれない。「1、2、3」と「4、5、6」のそれぞれに三秒ずつかけるということは、身体を倒すときも、戻すときも、速度は同じであることを意味する。

だが、実際は、上体を傾けるまでは丁寧さをこころがけている人も、上体を起こすときには速度を速めてしまい、あっという間にもとの状態に戻っている。このような動きでは、相手にこころを伝えることは難しい。

こうしたことを防ぐことができるのが礼三息。その息遣いは、次の通りである。

立礼

浅めの敬礼

会釈

立ち姿勢

深めの敬礼

《礼三息》

①息を吸いながら上体を傾ける。

②動きが止まったところで息を吐く。

③息を吸いながら上体を起こす。

礼三息を取り入れると、身体を倒すときと起こすときに同じ速度で行えるだけでなく、正しい姿勢を保ったまま、お辞儀ができる。ただし、自然な動きを習得するまでには、日々のこころがけと実践が大切である。

さて、先日観た外国映画の登場人物のなかに日本人がいたのだが、握手をしながら何度も頭ばかりを下げてお辞儀をするシーンがあり、残念な思いがこみあげた。

小笠原流の教えに、「礼三度に過ぐべからず」とあるのだが、お辞儀は回数が多いほど、相手に対する気持ちが薄れてしまう。いや、薄れてしまうというよりも、それぞれのお辞儀に気持ちが分散されてしまう、というほうが正しいかもしれない。

たった一回のお辞儀にこころを傾けて、ゆっくりと行うほうが、どれほど相手に気持ちが伝わるかということを、読者の皆様には見直していただきたいものである。

① 立ち姿勢

② 浅めの敬礼

③ 立ち姿勢

さらに、お辞儀をしたあとにも、間を持つことが重要。お辞儀を終えたからといって、すぐに椅子に座ってしまったり、お辞儀の最中に垂れてきた前髪に手を持っていくというふるまいは、相手に対するこころを最後まで重んじていない証拠である。たった数秒の差であるのに、これに我慢ができずに忙しない動作を行うことは、自ら、相手とのコミュニケーションを中断するのと同じことになってしまう。

ゆったりとこころをかまえてお辞儀をすることは、好印象を生み出すのみならず、「こころ」と「こころ」をつなぐ作用がある。せかせかせずにゆったりとしたこころ持ちで、今日一日を過ごしていただきたい。

九、常に弱者にこころを配ってみる

　鎌倉時代以降、武士が活躍するようになってから、男性の社会的地位が高くなり、おのずと男尊女卑の傾向は強まっていく。女性は、「家にあっては親に従い、嫁《か》しては夫に従い、老いては子に従う」というような、男性支配のもとに忍従することが美徳とされていたのである。
　だが、その時代において、小笠原流の伝書には、
　まず女はいかにも心やわらかにあるべし。そもそも日本国は和国とて女の治め侍るべき国なり。天照大神《あまてらすおおみかみ》も女躰《にょたい》にてわたらせ給う

と説かれている。この教えから、封建体制を守るために朱子学が官学化された江戸時代と比べて、室町時代は女性に対する考え方がゆるやかであったことがわかる。

また、

されば男女によるべからず。心うかうかしからず、正直に頼り、確かならん人、肝要なるべし

と、男性が主体の武家社会において、人としてどうあるべきかという基準は、男女にかかわらないと考えられていた。

だが、個人差はあれども、一般的には、男性と比べて女性は論理的思考が苦手であるといわれたり、身体の構造や機能を比べた場合も、異なる点はさまざまある。そうした相違は、男女それぞれが、社会における役割や使命を持ってこの世に存在しているからともいえよう。

男らしさ、女らしさという表現が存在するように、男性は「直線の美」、女性は「曲線の美」を行動の基準として考えることが大切ではないだろうか。つまり、男性は剛、女性は柔

の美しさを重んずるということである。

昨今では女性が社会で高い立場を得ることも珍しくない。企業の新卒採用の担当の方から、「最近は女性の新入社員のほうがしっかりしている」などとうかがうこともある。

だが、特に若い世代の男性には、男性は生まれながらにして女性とは異なる強さを持っていることを自覚していただきたい。もちろん、女性の側も、女性としての慎みの気持ちを取り戻す必要がある。

日本では、もはや女性が弱者とはいえない時代ではあるのだが、これだけ外国の文化を受け入れている我が国において、レディファーストはまだまだ普及していないようである。その一方、以前と比べて、デートのさいに女性のハンドバッグを持つ男性が増えたと聞いたことがある。女性の重い荷物を男性が持ってあげることには賛成だが、ここまでいくと、女性の側にも問題があるように思う。

とはいえ、歩道では車道から遠い側を女性が歩くようにエスコートする、レストランで席まで案内されるときには女性を先に歩かせて奥の席を女性に勧める、といったことをスマートにふるまえる男性には、やさしい気遣いを感じる。

さて、いつの時代でも弱者を思いやる気持ちは大切であるが、小笠原流には次のような教えがある。

座頭の手の引き様の事、右の袖を引きて出で、其の座のおとなし仁躰《にんてい》の高下を云いて聞かすべし

室町時代、武士のあいだでは謡曲《ようきょく》や舞いが好まれたのだが、座頭と呼ばれる盲人の琵琶法師を招いて平家物語などを語らせることがあった。その盲人を座敷に案内する場合、盲人の右の袖をとって席に間違えることなく座れるようにし、貴人の席の位置や、その他、同席する人々が身分の高下にしたがってどう座しているのか、という座敷の状況も説明するように、ということである。

ほかにも、座頭に対する作法がいくつか説かれている。そのなかに、

御近習の人、縁へ立ち、弟子に琵琶を催促して箱より取り出だし、わが弾くように持ちて出で、座頭の前にて取り直し候いて、転手《てんじゅ》を右になして渡すべきなり。同じくまた、

初めより座頭の弾くように持ちて出でてもよく候。おおかたこの趣きしかるべきなり。座頭の前にて取り直し候もいかがにて候

とある。座頭のもとに琵琶を運ぶとき、持っていく人はまず琵琶の正面を自分に向けて持ち、座頭の前まで行ったら座頭に正面が向くように取り回し、転手（琵琶の弦を巻く木）が右になるようにして渡す。だが、あらかじめ座頭に正面を向けて持っていく方法もあり、これこそが思いやりからなる作法といえよう。

つまり、「座頭の前にて取り直し候もいかがにて候」が示しているように、座頭は盲人ゆえに取り回しているところを目にすることはないのにもかかわらず、一辺倒の決まりきったかたちばかりを重んじて取り回しをすることはいかがなものだろうか、ということである。

琵琶を取り回すことが、かえって不自然な間をつくり、座頭が盲人であることを強調してしまうなどという失礼な態度にもなりかねない。そこで、座頭がすぐに琵琶を弾くことのできる方向で渡すのがよい、という教えが生まれたのである。

このように、状況によっては、相手へのこころ遣いを重視するがゆえに、礼を省略することもまた、礼に通ずる。

さて、電車に乗るたび、お年を召した方に席を譲ろうともせず、ときには寝たフリをして優先席に座っている人を見かける。一時、杖《つえ》なしでは歩くことが困難だった友人からは、その間、公共の場で一度も席を譲ってもらうことはなかった、と聞いて驚いた記憶がある。マンションのエレベーターから降りるさいに他の人を優先する、ビルのドアを開けて他の人を先に通す……。簡単であたりまえのことなのに、それができない大人が増加する社会の現状は、実に嘆かわしいことである。

年配の人、身体の不自由な人、女性、子ども……、自分の周りにいる人に対して、こころを配って行動してみることで、やさしさというこころの強さを身につけていただきたい。

十、自慢話を控え、代わりに周りの人を誉めてみる

高級レストランが行きつけのお店である、身につけているものをひけらかす、過去の仕事の手柄話をするなど、世の中にはさまざまな自慢話が存在する。

しかし自慢話ほど、品格に欠けることはない。その方が素晴らしい方であることは十分にわかっているのに、ご自身で自慢話をされると、「もったいない」と思うばかりである。

とはいうものの、人間はつい自慢をしてみたくなるものだ。もしかすると、話している本人は自慢しているつもりがないのに、聞き手が自慢話をされているように思ってしまうこともあるだろう。

なぜ、人は自慢をしたくなるのだろうか。

それは、相手に認めてほしい、よく思ってほしいと思うことから、自己開示の心理が働いているのではないかと思う。普段は自慢話をしない人も、相手に好意があるがゆえに、思わず自慢話をしてしまうことがあるかもしれない。

だが、自慢話は、その人の自信のないこころの表れにほかならないのである。自分がコンプレックスを持っているということを、わざわざ相手に伝える必要はない。それによって相手から、こころの器が小さい人だと思われてしまうのは、良策ではないだろう。

昔の武士は、自分の置かれた立場や分をわきまえて、それを超えない範囲に身を引き締め、節度を保ち、相手に合わせて行動することを心得ていた。荒々しく、傲慢《ごうまん》な武将も存在したものの、武士の訓育は、学問よりもむしろ、品性を高めることが第一だったのだ。

利益を追求することよりも、汚れのない精神を重んじていたのである。したがって当時の武士は、経済的なことを話題にするのは、はしたないことという認識があったという。現代の男性方にも、外見より精神性で勝負をするこころ持ちを魅力の主眼に置いていただきたい。

では、極力、自慢話を避けるには、どうすればよいだろう。

そのひとつの解消法として、相手が自分の話にどのような印象を持つかを、口に出す前に頭で考えてみるとよい。自己中心の欲望に捉われることなく、前述の通り、こころを先へ馳せる配慮が大切なのである。

小笠原流の伝書には、自分のことばかりひけらかすことを、「前きらめき」などと表現して戒《いまし》めている。いつの時代でも、自慢話をするような人は協調性に欠け、円滑な人間関係を築きにくい面を持っているということである。

自慢話をするよりも、自分の周りにいる人を誉めてみてはいかがか、と思えてならない。ふと振り返ると、相手の短所ばかりを取り上げて、長所を見つけようとしていない自分に気がつくことがある。相手が部下、友人、あるいは家族など、近しい人の場合ほど、積極的によい面を見つけようとしなくなってしまいがちだ。

恋愛や結婚生活も同様で、付き合ってまだ日が浅いときには、相手の長所ばかりに気持ちが向く。ところが、付き合う月日やともに暮らす年数が増すと、相手の本質はまったく変化していないのに、「楽しくなくなった」「やさしくなくなった」などと愚痴《ぐち》をこぼし始める。それによって、自分自身がしあわせでないような思いにまで至ってしまう可能性がある。

だが、しあわせを感じたいのならば、相手から与えてもらいたいとばかり思うのは間違いであることに気づかなければならない。自分が与えることに、重きを置くのである。

こちらが悲しいときには、相手にやさしく接してほしいと思うのが人情であるが、それにもかかわらず、相手が自分の思い通りに接してくれないと、不満が募り、関係もぎくしゃくしてしまう。一方、相手に求めない気持ちが基本にあると、少しでも思いやりが感じられたときに、とても嬉しい気持ちになる。その感謝の気持ちを相手に伝えられると、お互いがしあわせな空気に包まれる。


一般的に、女性は誉められると美しくなるといわれるが、それは核心を突いていると思う。服装、髪型、声、持ち物など、些細なことであっても、誉められて嫌な気がする人はいないのだから、さりげなく誉めてみるのもよいのではないだろうか。

人を誉めるには、自分に自信を持つことが大切である。相手をうらやむこころが存在している状況で、素直に相手を誉められるわけがなく、上辺だけの誉めことばでは、相手に対する思いが届くはずもない。

吉田松陰が「かくすれば　かくなるものと知りながら　やむにやまれぬ大和魂《やまとだましい》」と詠んだように、自身のこころに目標や目的がなければ、世間体を断ち切る思いには至らない。自分自身に揺らぐことのない座標軸があって行動している人は、広い視野でものごとを判断できるように思う。つまり、こころの根本に周囲を認めるゆとりがあるのだ。

性格、仕事、趣味、何でもよい。自分に自信を持つことで、狭い視野に捉われることなく、広くおおらかなこころをはぐくむことができる。それが、人を誉める気持ちにもつながるのではないだろうか。

第二章　人を不快にしないこころ遣いを知る

十一、目立たないように過ごしてみる

「目立たないこころ遣いと行動」というのは、大変難しい。

前章でも「前きらめき」ということばをご紹介したが、とりわけ自分の得意なことや自信のあることは、知らず知らずのうちにひけらかしてしまいがちだ。

あるいは、相手のために時間を割《さ》いたり、行動を起こしたりすると、最初はその人に喜んでほしいという気持ちから発しているはずなのに、ときに恩着せがましい発言やふるまいをしてしまうなどという場合もあるだろう。

相手や周囲の人に対するこころ遣いを目立たせずに行動するには、常にこころを動かし、控えめでいることが不可欠である。誠に難しいことなのだが、それが実行できてこそ、初め

て相手を大切にしているといえるのかもしれない。

さて、古来より、日本人の好む花といえば桜である。現代でも、お花見シーズンには、桜の名所といわれるところに多くの観光客が訪れる。桜はバラ科に属するが、真紅のバラに比べると花の色は目に鮮やかとはいいがたく、最も日本に多いといわれている染井吉野は、満開から一週間程度で散ってしまう。香りも決して強いものではない。

満開の桜は一瞬の華やぎこそあるものの、すぐに風に散りゆく。その魅力を日本人が愛してやまないのは、まさに目に立ちすぎない美しさを桜に感じるからではないだろうか。

ところで、目立たない行動を実践するためにも、慎みの気遣いは大切であり、自己主張や自己顕示を抑える必要がある。すなわち、身を引き締める節度を保たなければならない。それには、年齢や社会的立場にふさわしいふるまいをこころがけることである。

小笠原流の伝書に、

貴人に折、かわらけの物にある肴《さかな》とりて参らすること、敬う人には人によりて斟酌《しんしゃく》あるべし。また若き人などは、なにとやらん似合い候わず候。ちと年もふけ故実《こじつ》がましきとある。宴席で貴人に対して、酒の肴を盛ってある皿から採り分けるさい、若い人が行うのは何となく似合わない。したがって、年齢を重ねて礼法の故実も心得ている人が行うのがよい、という意味。

年齢で比較するなかで、それぞれの年齢にふさわしい行動、すなわち「その人らしい行動」があるわけだ。

たとえば、家老の家の息子は、平侍《ひらざむらい》の家の年配者よりも身分が高かったわけだが、身分が高いからといって、さまざまな人生経験や知識が豊富な年配者を押しのけて、若い者がしゃしゃり出ることは、慎みに欠けた行為とみなされたのである。

もちろんフォーマルな場においては、年齢を基準としたふさわしい行動よりも、格式から成るふさわしい行動が重んじられた。だが、武家社会では、家の格や身分というものが分を決定する基準であったのにもかかわらず、儀式的でない場面では、年配の人に対する配慮や、年配であるがゆえにふさわしい行動というものが求められたのだ。

これに通じることとして、「供養《くよう》」ということばを取り上げたいと思う。上をはぐくむことを「供」、下をはぐくむことを「養」と考え、その「供」と「養」がともなって初めて「供養」は成り立つ。

一般的に、学校では、後輩から先輩に対する礼、ビジネスにおいては、部下から上司に対する礼が重要であることが、礼儀作法の中心のように思われてきた。

ところが、前章にもあるように、幼い子ども、年配の人、身体の不自由な人など、弱者に対するこころ遣いがあってこそ、礼儀作法の存在意義があるといえよう。

社会的立場が高い人こそ、供養の精神を理解し、周囲の人に不快感を与えることのない目立たない配慮と、それにともなう行動を忘れてはならない。

さて、現代の会議の席にも活用できる、伝書に残された教えがある。

評定連歌の座敷にては、左右ばかりに礼あるべし

会議や連歌の席に遅れてしまった場合は、左右に座っている人にのみ礼をする程度でよい、ということである。そもそも会議に遅れることだけでも失礼な行為にもかかわらず、会議の進行中、その場全体の人に対して丁寧なお辞儀をするのは、進行に水を差すだけであって、「まず遅れてきたことを詫《わ》びてから会議に参加したい」という自己中心的な考えにすぎない。
ともかく席について、遅刻のお詫びは会議後にするのが、社会人として当然のこころがけである。

また連歌の席についていては、自分の句ができたからといってすぐに席を立つことは常識外のことだった。

何用あるとも座敷を立つべからず

なぜこのように説かれているのかというと、次の句は自分の句を受けてつくられるのだから、終わるまで待っていて当然である。さらにその人が終わったからといって席を立つのは、いかにも早く退席したいという思いを表す行動となるため、少なくとも自分に続く二人の句ができるまでは席を立たないことが求められたのである。

この考え方が身につくと、自分本位な行動にブレーキをかけるきっかけができるのではないかと思う。

さて最近、若い世代の人が「名刺を頂戴《ちょうだい》できますか」と依頼する場面を目にすることがある。しかし本来、このような場面では、「ご高名はかねてより存じております」という態度でいることが大切であり、自分の名刺を差し上げたあとに相手の名刺を頂戴できれば幸いである、という気持ちでいることが好ましい。

あるいは、取引先の会社へ上司とともにうかがう場合、自分は存在をいったん消すくらいの覚悟が必要である。もちろん、商談中は積極的に若者らしく会話に参加することが求められたり、反対に尋ねられない限りは話に割り込まない配慮も大事だ。

だが訪問するさいの最初の挨拶では、上司から紹介されるまでは、自分から名刺を差し上げることはない、と心得ておかなくてはならない。いずれにせよ、いつでも控えめに、目立たないようにしながらも、常に話題に集中してこころを動かすことが重要なのである。

相手を大切に思うこころは、すぐに相手に伝わることがよいとは限らない。もしかすると、何年かあとに、あるいは何十年か後に、その思いやりに相手が感謝する瞬間が訪れることもありうる。感謝されるから行動するのではない。自分がそうしたいと思うから、行動するのだと心得よう。

こころを積極的に動かしながらも、目立たないように過ごす。控えめの一日をこころがけてみよう。

十二、「ありがとう」を口に出してみる

家族や友人など、近くにいる人に対して「ありがとう」を伝えることは、お互いが心地よく過ごすためにも大切なこころがけである。だが、実際は「いわなくてもわかってくれているはず」という甘えた気持ちがこころの多くを支配して、その思いを伝えにくい。

家庭において、妻が専業主婦であるならば、「家事を行うのは当然」と思うのもわからなくはない。もしかすると、妻は社会に出て働いていない分、ストレスも少なく、のんびりと暮らしていることと思っている人もいるだろう。

だが一方、妻の側は家事と子育て、さらに夫の実家や近所とのお付き合いなど、多くのストレスを抱えている可能性もあるのだ。

夫婦ともに働いている場合、最近は家事を分担して行う家庭も珍しくないが、お互いに仕事のあとに帰宅してから家事をこなすとなれば、相手への感謝の思いは持ちにくくなるのではないかと思う。

昔と比べて物が豊かになったために、周囲に対する感謝の気持ちが欠けてしまいがちなのは明らかである。

先日、あるパーティの席で、私の尊敬する方から連続テレビドラマとして世界的にも有名な『おしん』の話をうかがうことがあった。

「おしんは極貧の生活のなかで、自分は食べなくても子どもに食事を与えてくれた親への、こころからの感謝の気持ちがあった。昔の日本人は、生きることそのものへの感謝と、強い精神力を持っていたのである。だが、現代の日本人は、感謝の気持ちが減っていると同時に、精神力も弱くなっている……」というご指摘であった。

伝書に、

恩をしらざるは鳥けだものにも劣る成るべし

とあるが、日常のあたりまえと思うことにも感謝の念を持ち続けることが、周囲との「和」をつくり出す。

ところで、こうした感謝の気持ちは、本来、日本人が持っているはずの細やかな気遣いのひとつであると思っていたのだが、先日、某外資系企業にうかがったさいに、それは日本人に限ったことではないことを痛感した。

現在、その方は、ご自身の生まれ故郷であり、本社のあるフランスへ帰国されたのだが、日本支社の役員でいらした頃に、多くの社員から慕《した》われ、尊敬されていた。その理由をうかがうと、どなたからも、「日本人の上司以上に、部下に対して、小さなことにも『ありがとう』といってくれた。常にやさしく、頭の低い態度で我々に接してくださったからです」という理由がかえってきた。実際にその方の笑顔は穏やかで、お辞儀もやさしいお人柄が感じられる動作であったことを、今でも鮮明に覚えている。

このように、感謝の思いを、「ありがとう」という上辺のことばのみで相手のこころに訴えかけることは難しい。思いのこもった「ありがとう」であればこそ、そのことばを活かすことができるのである。

「ありがとう」の語源は、「有り難し」。「有る」と「難い」が合わさって、「めったにない」という意味である。語源を考えるとますます、感謝の念がない人には「ありがとう」の思いを伝えにくいと思う。

さて、山梨県南アルプス市には、「長清公顕彰会《ながきよこう》」という会が、先代の頃から存続している。長清というのは、鎌倉時代に初めて小笠原姓を名乗った、小笠原氏の初代である。

十五年前に私が宗家に就任してから間もなく、小笠原氏発祥の地である櫛形町（現在の南アルプス市）から、「長清公顕彰会」の事業の一環として行っている礼法講座を引き続き行ってほしいという依頼を受けた。それを伝えるために、わざわざ二人の方が東京へ挨拶にいらしたのだが、そのうちのお一人はずいぶん前に若くして他界され、もう一人の方は今年三月に他界された。本当に悲しいお別れであった。

今年亡くなられた方は、年配の男性なのであるが、いつお目にかかっても笑顔を絶やすことなく、若い人との交流を楽しもうとする気持ちを失わず、周囲への思いやりを忘れない方だったと思う。その方は晩年、お目にかかるたびに、奥様のお話をしてくださった。奥様は、今も病気で入院されているのだが、それまですべての家事を奥様に任せたまま、ご自分は仕事中心の人生だったとのこと。「妻はひとことも愚痴をこぼすことなく、自分を支えてきてくれた。だから今度は、自分が妻のために、できるかぎりのことをしてあげたい」と強く語られた。

さらに、たとえ奥様が自分のことを誰なのか認識できなくなったとしても、生きていてくれることだけでもありがたいと思い、お見舞いに行くたびに「ありがとう」と声をかけているのだとうかがって、思わず目頭が熱くなった。

自分のかたわらに、大切な人が生きているだけでありがたいと思いながら、日々、暮らしていくのは、容易いことではないかもしれない。だが考えてみれば、家族、友人、知人、同僚……と、多くの人に支えられているからこそ、自分はこの世に存在している。ならば、たとえ些細なことであっても、「ありがとう」を伝えられる自分でありたいものである。

また、相手に道を譲ってもらった場合など、日常生活のなかで、相手を知っていても知らなくても、笑顔で「ありがとう」を伝えるのは、そう難しいことではない。こころからの「ありがとう」を伝えることによって、伝えた側もしあわせな気持ちになるのだ。

些細なことにも、感謝の気持ちを素直に口に出してみる。そんな一日も、よいのではないだろうか。

十三、表情を意識する

学校や企業で指導をするたび、参加者の表情の乏しさに気づかずにはいられない。せっかく素敵な容姿を持っている人でも、無表情であれば、第一印象でかなり損をしていると思う。反対に、男女を問わず、小柄で取り立てて容姿が目立つ人でなくても、表情が豊かでいつも笑顔でいると、誰からも好感を持たれる。表情は姿勢の一部だと意識し、大切にするべきである。

「目はこころの鏡」「目はこころの窓」などといわれるが、表情を決定する大きな要素は目である。中世のオランダのマナーに関する書籍に、「目は穏やかで慎ましやかで平静であるのが望ましく、厳しいのはいけない、なぜなら無愛想な感じを与えるからだ」と書かれている。

また、「落ち着きがなくきょろきょろしているのも、狂気を表すのでよくない」ともある。

小笠原流の伝書にも、視線に関する心得がいくつか説かれている。

うかうかと人の顔をまほり座敷を見めぐるべからず

これは、使者が相手の屋敷に行くさいの心得なのだが、「まほる」とは、目で穴を掘るくらいに相手の顔をジロジロと見ることで、「見めぐる」は辺りを見回すこと。ときおり、相手の人を頭から爪の先まで一瞬のうちに品定めするかのような視線を送る人を見かけるが、いつの時代も、視線の置き方には注意しなければならない。

また、現代のように欧米の文化が私たちの生活に浸透していると、相手の顔を見て話を進めることが基本になっているが、昔は視線に対しても控えめなこころがけが大事とされた。

そのことを語っているのが、次の伝書の一説である。

主人に物を申し承るときは主人の左の膝をまほりて左右の手を突き申し承るものなり。

真向きに御顔を見ぬが法なり

目上の人に対しては、相手の左膝辺りに視線を置いて話をするのがよい、ということである。相手との身分差が近づくにつれ、徐々に視線を上げていくことが許され、同輩になると初めて相手の顔を見て話せるのであった。

このように、相手を重んじるがゆえに視線を合わせない教えは、現代においては求められることは少ない。しかし、相手の目を見ながらであっても、自己を抑制する気持ちを、やさしい表情のなかに活かすことはできると思う。

ところで、私が尊敬している方々は、どなたも素敵な表情をされる。特に素晴らしい表情の方がいらっしゃるのだが、その方の笑顔を拝見すると、こころが和《なご》む。

先日、その方の表情に触れる機会があった息子は、自分が今まで出会った人のなかで、最も信頼できる表情の方だと話していた。そこで、なぜ息子がそのように感じたのだろうとあらためて考えてみた。やはり、曇りのない、温かくてきらきらと輝く目の表情、さらには清潔感のある雰囲気から、信頼の念を持つことができるのだろうと思う。人の魅力は内面から発することを、あらためて考える機会であった。

笑顔は、口角を上げて表情をつくればよいというものではない。内面の輝きが笑顔を引き立たせるのである。こころからなる笑顔を忘れずに、表情を意識してすごしていただきたい。

十四、素直をこころがける

門弟に指導するたび、素直な人は得をしていると思う。素直な人は、知ったかぶりをせずにわからないことを聞く態度が備わっているので、成長が早い。しかし、そうでない人は聞く耳を持たないので、何度説明してもなかなか身につかず、ゆえにわからないことが膨《ふく》らむ一方なので、のちのち苦労している。

社会人になり、部下を持つようになると、素直に聞きたくてもそれを難しいと判断してしまう状況があるだろう。だが、わからないことを周囲に悟られないようにと必死にふるまうよりも、わからないことがあるなら部下に尋ねてしまうほうが、周囲との人間関係をスムーズにするきっかけになるかもしれない。

実際に、部下から慕われ、仕事の能力もある方は、知らないことを決して恥だと思わず、むしろ、知らないことについては素直に学びたいという、積極的な姿勢を持たれているように思う。まさに、論語にある「下問を恥じず」を実践されているのである。


女性の目にも、素直なこころを持つ男性は魅力的に映る。私は指導の一環として和食の作法を教えていることもあってか、会食のさい、お箸を使わない洋食のほうが気軽でよいといわれる場合がある。もちろん、相手の方に堅苦しい思いは持っていただきたくないので、そのような場合は喜んで洋食をいただく。

その一方で、せっかく一緒に食事をするのだから、間違ったお箸の持ち方やお椀の扱いを直すよい機会と捉え、あえて日本料理のお店を選んでくださる方もいらっしゃる。私自身、そのような要望がなければ、相手の方がたとえ間違ったお箸遣いをなさっていても、その光景に思いが留まることはない。

「昔からお箸がきちんと持てないのですよ」と、明らかに正しいとはいいがたいお箸の持ち方をなさりながらも、変えようとはせずそのままにされる方もいらっしゃる。ご自分が積極的に変えたいと思わないことを変えるのには無理がある。

しかし、「この年齢になってうかがうのも少々照れくさいのですが、正しいお箸の持ち方を教えていただけますか」と伝えていただくときは、こちらも温かい気持ちになることは確かである。


食事の作法に限らず、お会いした方から作法やマナーについて質問をいただき、簡単にご説明する場合もある。次にお目にかかったさい、相手の方が少しでもそのことを実践されていると、感銘を受けることがある。そうした折に、年を重ねいくつになっても、素直な気持ちを忘れないことが人を成長させるのだということを深く感じるのである。

仕事でミスをしたとき、親子で言い合いになったとき、妻や恋人とけんかをしたとき……こちらから素直に詫びることは容易くないだろう。近しい間柄ほど、「ありがとう」と感謝を伝える以上に、お詫びの気持を伝えることは難しいのではないだろうか。取りあえず「申し訳ありません」「ごめんなさい」といってはいるものの、どうしてもこころが込められないという状況もあるのではないかと思う。

しかし、こころが存在しないことばは、それを聞く側にとって耳障《みみざわ》りであり、余計に苛立《いらだ》つものである。悪いと思っているのに素直にそれが表現できず、自分自身に腹立たしさを覚え、相手にイライラした気持ちで接するために、余計、事態は悪化する。こうなると、当日ではなく、日をあらためて修復する機会を見つけなくてはならないこともある。

だが、いつまでも嫌な感情に浸《ひた》っているのは、精神衛生上、お互いに好ましくない。嫌な空気は、自分から抜け出すチャンスをつくらなければ、いつまでもそこに滞《とどこお》ってしまう。そんなとき、すっぱりと気持ちを切り替えて、素直な思いで明るく相手に接することができれば、どんよりしていた空気が一転するはずである。それは、相手のみならず、自分自身にとっても必要な切り替えなのだ。

さて、長い人生のなかで、駆け引きなしで生きていくことは不可能なのだろうか。前述の通り、相手を慮って行動することは大切である。だが、自分をよく見せようとこころを馳せることは、一種の駆け引きである。仕事上での駆け引きは必要な場合もあるだろうが、自分をよく見せるために駆け引きをすることだけは、なくしたいものである。

頑張りすぎる姿よりも、ときには自分の弱さを自分自身で認め、力を抜いて素直でいる姿のほうが、自然体で素敵である。

相手や周囲への配慮があったうえで、自身のこころに素直に、正直に生きていくことができたらと思う。力を抜いて、素直をこころがけてみたいものである。

十五、靴の脱ぎ方に気をつけてみる

玄関は、人と人とが出会うさいの境界線となることが多い。だからこそ、失礼のないふるまいをこころがけたいものである。

他家を訪問する場合に心得ておかなくてはならないことに、防寒具類の扱いが挙げられる。冬場にコートやマフラー、あるいは梅雨の時期に濡れたレインコートを着たままで、玄関先の呼び鈴を鳴らす人は少なくない。おそらく、そのようにふるまっている人は、なぜコートを外してから玄関に入るほうが好ましいか、という理由に触れる機会がなかったのではないだろうか。

だが、相手宅を訪問するときに、「どのようにふるまうと相手に失礼がないか」と考えてみると、おのずと答えが見つかるはずである。
それには、日本人は元来「清浄感」を重んじる文化を持っている、ということを知っておく必要がある。

話が脱線するが、ここで箸の格について触れてみたい。高級な銀製の箸よりも、割り箸のほうが格が高いのはなぜか。それは、割り箸は一回しか使用しないことに理由がある。塗り箸も同様に、何度も使用が可能な箸は、略式と考える。

このように、清浄感を大切にする日本人にとっては、「ほこり」についての意識が欠かせず、それを知らないと相手に失礼なふるまいをしかねない。贈答品を風呂敷で包む理由は、風呂敷には贈り物をほこりから守る役割があるからだ。

さて、ここで話をもとに戻すとしよう。外を歩けばほこりがつくということは、いうに及ばないが、あえてそのほこりをつけたままで玄関に入ることはない。防寒具類を外し、片手にまとめてから呼び鈴を鳴らす。昔から、呼び鈴の鳴らし方に人柄が表れるといわれるが、短めに慎みを持って鳴らすのが好ましい。

次に玄関での靴の外し方であるが、靴を履いたままで玄関の入り口のほうへ向きを直してから靴を外す人が多い。あるいは、玄関に入ってきたままの方向で靴を外し、まったく靴を揃えないままで歩き出す人もいる。

幼い頃、夏休みに参加したサマーキャンプで、「靴を脱ぐときは出船のかたちにすること」と厳しく指導された記憶がある。学生時代には、所属していたテニス部の合宿先でも、「靴は出船に揃えるように」と上級生から注意されたものである。

現在は、社員研修を行うセミナー会場が和室の場合、靴が脱ぎ散らかされている光景を目にして、靴の揃え方から指導を始めることもある。残念なことに、昔は周りの大人や年上の人が教えてくれた常識を、今は知る術がないままに、大人になってしまう世の中なのだろう。

年配の知り合いの方から、戦時中はどんなに貧しくても、玄関には靴がきれいに並べられている光景があたりまえだった、とうかがったことがある。衣食足りて礼節を知るというが、むしろ物が豊かでないときのほうが、自己に厳しく生活ができるのかもしれない。

武士は、攻撃されたさいにすぐに履物を履ける状態にしておくということからも、出船式が重んじられたようだが、家庭に普及したのは江戸時代以降といわれている。

では、実際に、靴はどのように外し、揃えたらよいかについて、イラストでご紹介したいと思う。

〔靴の外し方と揃え方〕

①玄関で、出迎えてくださっている方と軽く挨拶を交わした後、入ってきたそのままの方向で、下座《げざ》側の足から靴を外す。

②次に、迎えてくださっている方に背を向けないように斜めになる。

③さらに、膝を突いた姿勢になり、靴の向きを変える。

このように、最初から出船式にするのではなく、玄関に入ったらまず、そのままの向きで靴を外す。それは迎えてくださっている方に、すぐに背を向けてしまうのは失礼だという理由からである。

また、膝を床に着けずに前屈《まえかが》みで靴を揃えると、いい加減な印象をつくりやすい。かならず膝を着けることを忘れないようにこころがけていただきたい。なお、同行者がいる場合は、下の立場の人が上の立場の人の靴を揃えることが基本である。ただし、立場にかかわらず、男性が女性の靴を揃える光景は見た目に美しくないと思う。

靴の揃え方

①玄関で、出迎えてくださっている方と軽く挨拶を交わした後、入ってきたそのままの方向で、下座側の足から靴を外します。

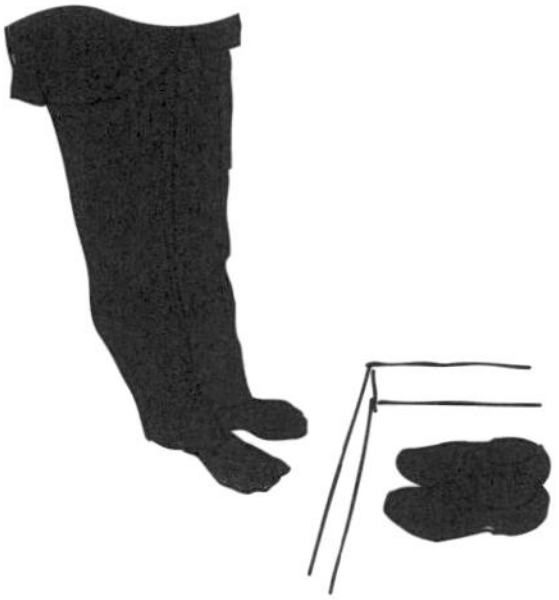

②迎えてくださっている方に背を向けないように、斜めになります。

③膝を突いた姿勢になり、靴の向きを変えます。

入り口のほうに向き直してから靴を外さないように。

さて、足元に関する教えといえば、禅寺の玄関で必ず目にする「脚下照顧《きゃっかしょうこ》」。自分の足元を照らして顧みる、すなわち相手に理屈をいう前に、自分のこころを見つめて反省するということである。今日一日は、靴の外し方に気をつけながら、自分のこころを見つめ返してみるのもよいのではないだろうか。

十六、席次に気を配る

席次は、空間によってさまざまである。ゆえに多くの知識を身につけ、同席者に対して自然にふるまうことが理想である。

まず和室は、左上座《じょうざ》（入り口から向かって右）が基本である。床の間は、もともと僧家の影響で仏画像が掛けられ、三具足《みつぐそく》と呼ばれる花瓶、燭台《しょくだい》、香炉が置かれて礼拝されていた神聖な場所だったため、現在でも床の間に近い席を上座と考える。床の間の位置によっても、図（105頁）のように上座と下座《げざ》が異なる。

洋室は和室と異なり、右上座（入り口から向かって左）がプロトコール（国際儀礼）の基本である。洋室で忘れてはならないのが、椅子の格。お客様にはゆったりと座っていただきたい、との理由から、ソファーを勧めることが基本である。次に格の高い椅子は、背もたれと肘掛《ひじかけ》のあるアームチェア、その次はスツールという順。したがって、可能ならば椅子は図（107頁）のような配置が好ましい。

また、和室と洋室に共通することがいくつかある。景色がよく見える席、冷暖房の風が直接あたりにくい席、外からの光が眩《まぶ》しくない席など、そのときの状況や部屋のつくりによって席次が異なる場合もある。入り口付近は、人の出入りがあるので下座、部屋の奥を上座とするのが自然である。

ところで、レストランで席に案内されるさい、お店の人が最初に引いた椅子に、男性が躊躇《ちゅうちょ》することなく座ってしまうときがある。和室ならば、男性が上座へ座ることが自然なのだが、洋室の場合は異なる。

つまり、レディファーストの精神は、席次にも必要。日本の男性は馴染《なじ》めない人もいるのではないかと思うが、欧米では中世の騎士道の影響により、レディファーストが身についていない男性は、嗜みがなく品格に欠けた人とみなされてしまうことをこころに留めていただ

和室の上座・下座

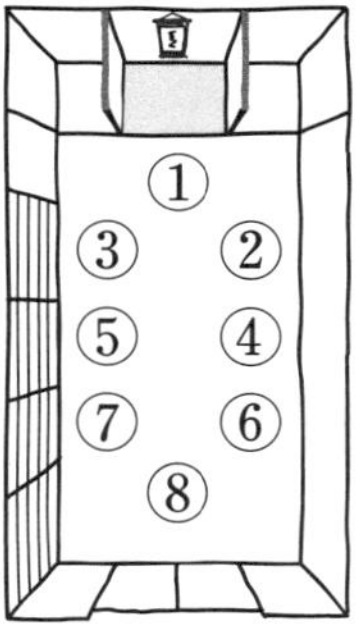

最も正式な構え
（床の間が中央）

逆勝手
（床の間が向かって左）

本勝手
（床の間が向かって右）

きたい。

たとえば、海外に出かけたさい、大きな荷物を男性が持たずに女性が持つのは、格好の悪いことなのである。


さて、レストランにおいて席の出入りは左側から行うのが基本である。そのさい、男性が女性の椅子を引いてあげるのが望ましく、お店の人が女性の席を引く場合は、女性が座ってから男性が座る。前述の通り、騎士道の精神が根底にあるため、男性は女性を守ることを忘れてはならないことから、人の出入りもなく店内を見渡せる壁側の奥の席を女性に勧める。男性は女性から招かれた場合でも、女性を上座へ座らせる配慮がスマートなふるまいである。

現代の女性は、慎ましやかというよりも、むしろ前に出る傾向があることは否めないが、かつての日本女性のふるまいは、男性よりも控えめであるように求められたこともあり、和室において女性が床の間付近の席につくことは不自然さを感じる。しかし、男女問わず、何度も和室で上座を勧められる場合には、「ありがとう」の気持ちを忘れずにその席につくほうがしっくりくる。

立場が上になると、上座に座ることに慣れてしまい、ややもするとそれが当然と思ってし

洋室の上座・下座

マントルピースとソファー
がある部屋

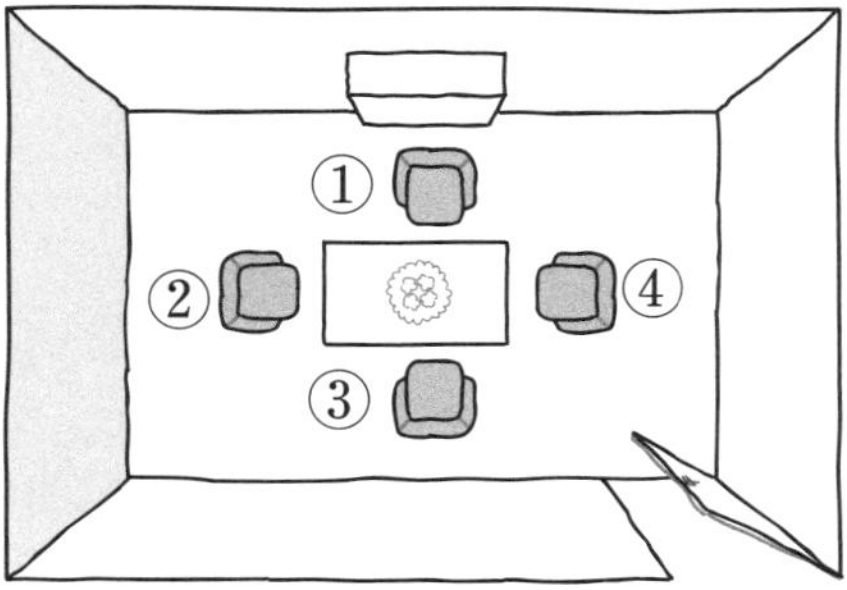

マントルピースがある部屋

まいがちだ。そうした思考は室町時代も同じだったようで、伝書の一説に、

我があるべき座よりも下りて居るべしと思う心持肝要也《かんようなり》

とある。自分が座ると予測できる席よりも、下座の席に座ろうと思う気持ちが大切である、という意味。こうしたへりくだる気持ちは、時代が変わろうとも失ってはいけないと思う。

部屋の上座と下座のほかに、車や電車の中にも、上座と下座の心得が存在する。タクシーなど、運転することを職業としている人が運転している場合は、左ハンドル、右ハンドルにかかわらず、上座は後部座席の右側、左側、助手席の順である。後部座席に三名座る場合は、右、左、真中の順と心得る。

自家用車の場合は、運転する人への配慮から、助手席が最も上座となる。

電車においては、向かい合わせに座ることもあると思うが、そのさいの上座は、進行方向に向かって窓側、反対の窓側、進行方向に向かって通路側、反対の通路側の順。ただし、奥の席は出入りしにくいため、その場で敬うべき方の希望をうかがって、座席を決めるこころ

遣いも必要である。

エレベーター内では、操作盤の後ろ奥が上座であるが、奥行きのないエレベーターでは、中央辺りを上座と考えるとよい。

相手は上座に、自分は下座にいるようにとこころがけながら、相手が最も心地よいと感じられる席を自然に勧めることが大切。それには、部屋の上座下座だけでなく、相手のこころも見極められる力が必要である。

十七、箸と器の扱いに注意する

昔は、箸遣いでその人の嗜みが測られるとまでいわれた。それは、おそらく箸遣いは幼い頃から身についた習慣やふるまいの代表的なものだから、という理由であろう。ところが最近は、和食の食事を箸ではなくフォークで進める人が珍しくない。ある学校を訪れたさい、お弁当のご飯をフォークで食べている何人かの学生の姿を見かけて、寂しい気持ちがした。

年配の人でも、箸をクロスさせて持つなど、逆に器用とも思える間違った箸遣いをしているのだから、年々、箸を正しく扱えない子どもが増えても仕方がないのだろう。だが、だからこそ、大人になってからでも箸遣いを改めることが、子どもに対する一種の責任と思えてならない。

また、上の箸の持ち方は、図（112頁）のようにペンの持ち方と同様である。ペンの持ち方が違うという方は、このさい同時に直されてみてはいかがだろうか。

正しい箸の持ち方と動かし方については、次の通りである。

《正しい箸の持ち方》

①上の箸は、人差し指と中指ではさみ、親指をそえる。

②下の箸は、薬指で下から支える。

《箸の動かし方の練習》

①上の箸を人差し指と中指ではさみ、親指をそえる。

②①で持った箸を上下に動かしてみる。

③少し慣れてきたら下の箸を親指と人差し指の股部から入れ、薬指で支えて正しく持つ。

④下の箸を固定したまま上の箸のみを動かす。

次に、箸の取り方と置き方についてご説明しよう。

箸の扱い

箸の持ち方

箸の上一本は人さし指と中指ではさみ、親指をそえます。もう一本は薬指で、下から支えます。

箸の動かし方

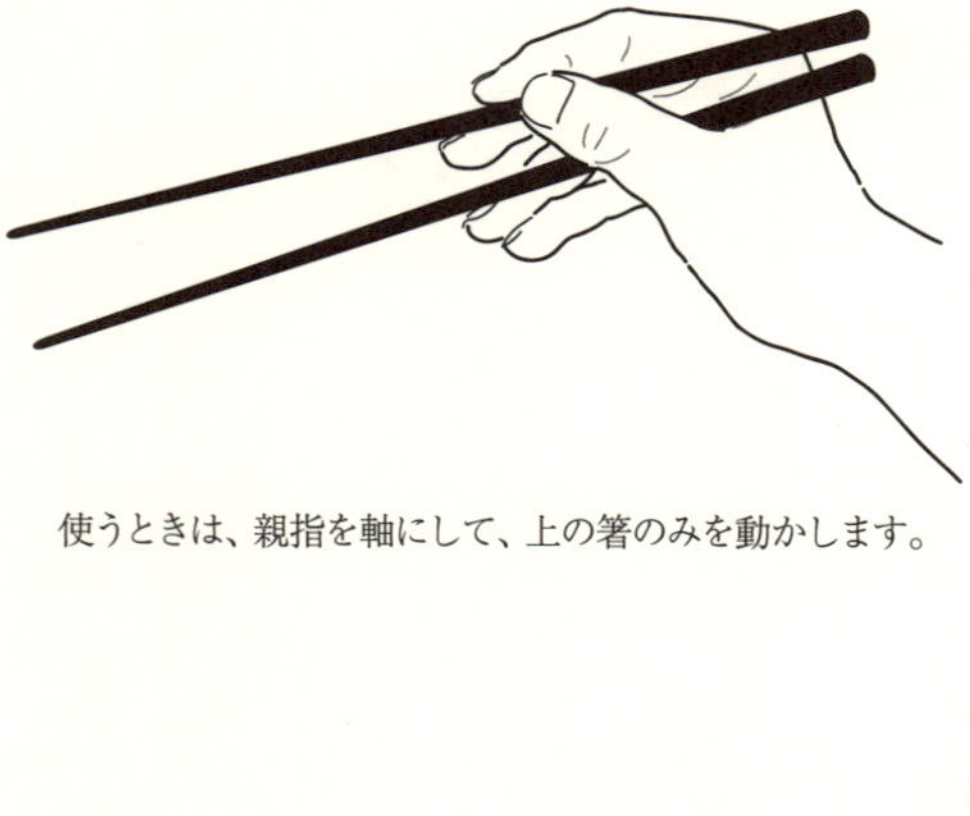

使うときは、親指を軸にして、上の箸のみを動かします。

《箸の取り上げ方》
①右手で箸の中ほどを持つ。
②左手で下から支える。
③右手を箸にそわせながら、右側へすべらせる。
④右手を箸の下にくぐらせて持つ。
⑤左手を外す。

《箸の置き方》
①左手を箸の下にそえる。
②右手を箸から離さないようにしながら、右側にすべらせる。
③右手を箸の下側から上側へ移動させる。
④左手を離し、箸を箸置きに置く。

箸は、「箸先五分、長くて一寸」といわれ、箸の汚れは、長くても三センチ以内に止めて

箸の取り上げ方

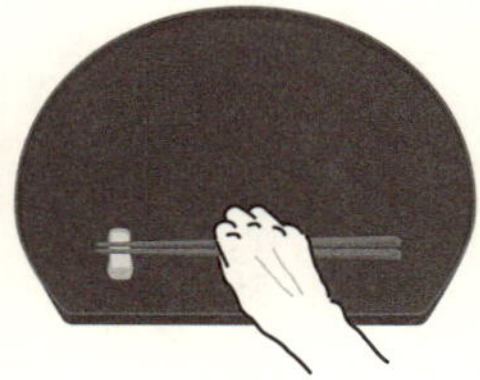

①右手で上から箸の中ほどを持ちます。

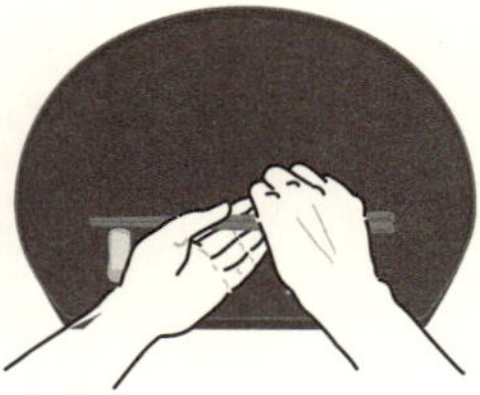

②すぐに左手で下から支えます。

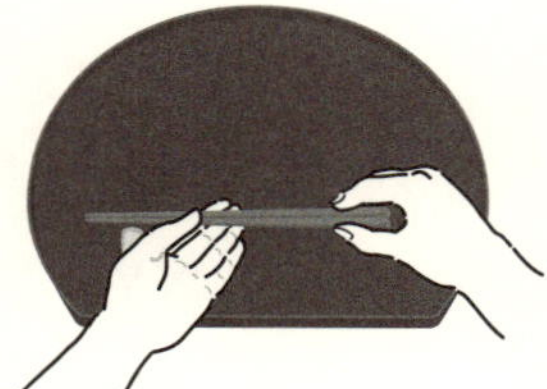

③右手を箸から離さないようにして、右側へすべらせます。

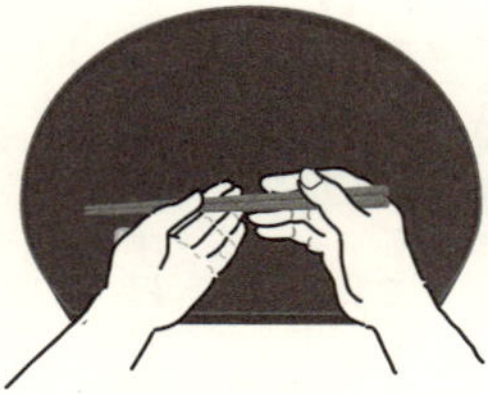

④さらに箸の下に右手を移動し、中ほどまで手を戻します。

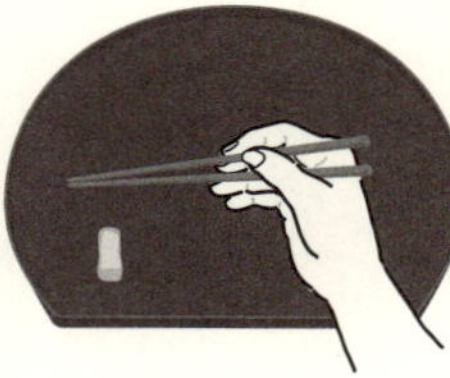

⑤左手を外します。

箸の置き方

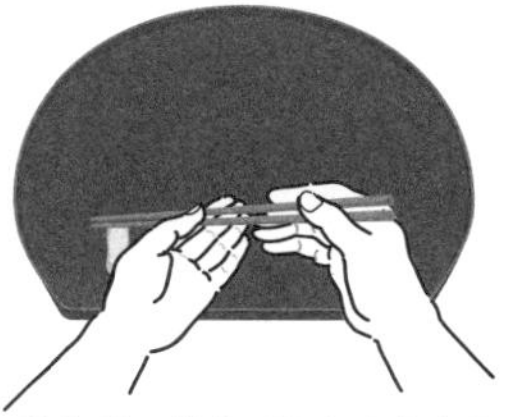

①左手で箸を下から支えます。

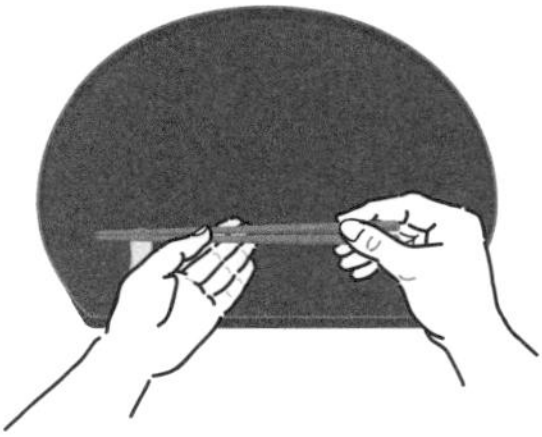

②右手を箸から離さないようにして、右側へすべらせます。

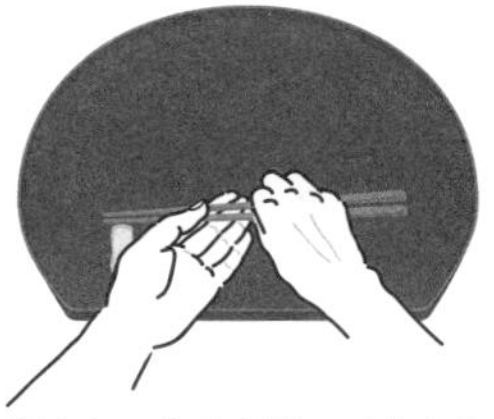

③さらに右手を箸の下から上に移動させます。

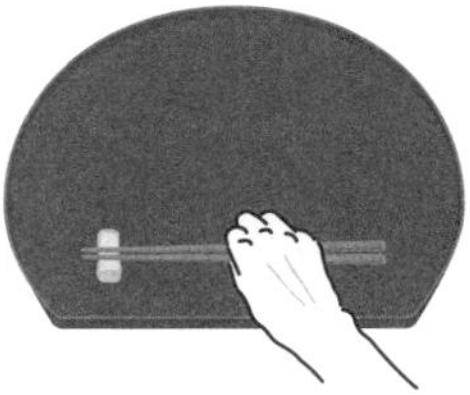

④左手を離し、箸置きに置きます。

箸置きがない場合

箸置きがない場合は、折敷の左端に箸先をかけて休めます。

おくことが望ましい。なぜなら、箸の先が多く汚れていると、同席者に不快感を与えるからである。

もし箸置きがない場合は、図（115頁）のように、折敷《おしき》の左側に使った箸先が出るようにするとよい。

また割り箸は、自分の膝の上辺りに引き寄せ、上下に割ること。左右に割ると隣席者にあたる危険があり、箸先を対面する人に向けて割るのも失礼である。割った箸は、すぐに使うのではなく、いったん箸置きに置くと、ゆとりのある動作につながる。箸置きがない場合は、箸袋を千代結びにすると便利だ。

さて、箸の扱いがわかったところで次に器の扱いについても触れたいと思う。多くの人は、箸を取るのと同時に器を取り上げるのだが、これでは食べたい気持ちが全面に出てしまうため、美しい動作とは言いがたい。したがって、飯椀、吸い物椀、小鉢など、器を取り上げて食べるときは、まず器を持ってから箸を取ることが基本。箸と椀の扱いについて、順序は次の通りである。

《箸と椀の取り上げ方》
①器を取り上げ、左手のひらにのせて底から持つ。
②右手で箸を上から取る。
③その箸を左手の中指を浮かせて、図（118頁）のように指の隙間にはさむ。
④右手を箸から離さないようにしながら右側へすべらせ、箸の上側から下側へ移動させる。
⑤左手から箸を外す。

《椀を持っている状態で箸を置く》
①右手の箸を、椀を持っている左手の中指を浮かせて、指の隙間にはさむ。
②右手を箸から離さないようにしながら右側へすべらせ、箸の下側から上側へ移動させる。
③箸を箸置きに置く。
④両手で丁寧に椀を置く。

慣れるまでは、どうしても箸と器を同時に取り上げたり、置いたりしてしまいがちだと思うが、これは諸起《もろおこ》しと呼ばれ、嫌い箸の一種である。

椀を持って箸を取る

①椀を右手で取り上げ、左手で椀の底を持ちます。

②右手を椀から離し、箸を上から取ります。

③左手の中指を浮かせ、取り上げた箸の中間あたりをその隙間にはさみます。

④椀をゆらさないようにしながら、右手を箸の下にくぐらせます。

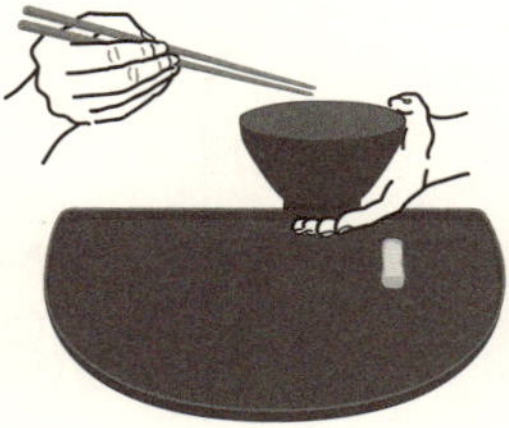

⑤はさんだ指から箸を離します。

椀を持って箸を置く

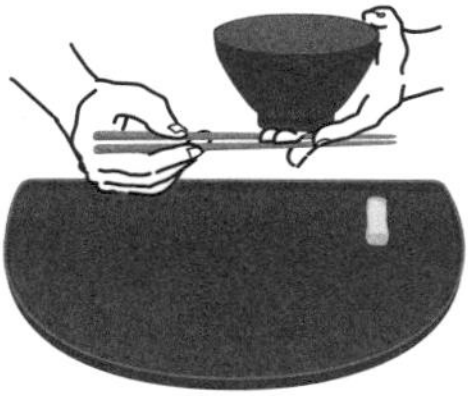

①椀を持ったままで左手の中指を浮かせ、指の隙間に箸をはさみます。

②右手を箸から離さないようにして右側にすべらせ、箸の下から上へ移動させます。

③右手で箸置きに置きます。

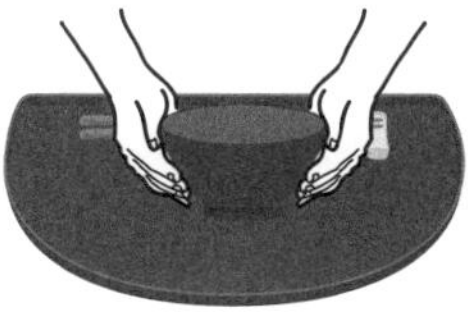

④両手で椀を置きます。

その他、特に注意するべき嫌い箸をいくつか挙げる。

《嫌い箸》

・渡し箸――器の上に箸を置く。食べ物を箸から箸へと渡すことも渡し箸、または拾い箸ともいう。
・探り箸――かきまぜて中身を探る。
・刺し箸――里芋など取りにくいものを箸で刺す。
・迷い箸――どれを食べようかと迷う。
・涙箸――箸先から汁をたらす。
・寄せ箸――箸で器を引き寄せる。
・ねぶり箸――口の中に箸を入れてなめる。
・にぎり箸――箸を握るように持つ。
・込み箸――口の中に箸で食べ物を押し込む。
・かき箸――器に口をつけ箸で食べ物をかき込む。

面倒だからと、正しい箸遣いをしないままで過ごすことは、避けるべきではないかと思う。なぜなら、正しい箸遣いで美しく食事をすることにより、食材そのものの命をいただくことや、料理をつくってくれた人への感謝を表すことができるからである。

今日は箸と器の扱いに注意して、食事をする一日としてみよう。

十八、和食の食べ方で陥りがちな勘違いをあらためる

正しいと思っている食べ方のなかには、好ましくないことがあるかもしれない。

その一例として、一般的に間違えやすいのは、手のひらを上に向け、受け皿のようにして食べることである。これは品性に欠ける食べ方なので、今までこの食べ方をしていたという方は、是非この機会に改めていただきたい。

では、酢の物、おひたし、刺身用のしょうゆ、天ぷらのつけ汁など、しずくがたれてしまう場合はどうしたらよいのか。つまり前の項目でご紹介した嫌い箸のひとつである「涙箸」を防ぐためにも、和食の場合は手で持つことが可能な大きさの器は胸元の高さ程度に取り上げてよい。あるいは、器の蓋《ふた》、懐紙《かいし》を受け皿として使用することも可能である。

懐紙は二つ折りの和紙で、茶席では必需品だが、食事のさいにも受け皿代わりに使えるなど、汎用性《はんようせい》の高いものなので、日ごろから携帯することをお勧めしたい。たとえば、汚れた指先を拭ったり、魚の骨や果物の種を口から出すときに用いたりするほか、こころづけを包んだり、メモ用紙としても活用できる。

本来、懐紙は懐紙挟みなどに入れるのだが、日常で携帯する場合は懐紙が入る大きさであれば、服装やその日の気分に合わせて、好みの色やデザインの小物入れを選んで用いてもよい。大切なのは、楽しみながら取り入れることだと思う。

ところで、焼き物などが入った比較的大きな皿は取り上げて食事を進められないため、せめて奥に置かれている料理の器や皿は、手前のものと置きかえること。遠くにあるものをこぼさないようにと前かがみになるのは、「犬食い」と呼ばれており、慎むべき行為だからである。

さて、和食でも洋食でも、料理を一口大に切ることにより、口元を汚さずに食べることができる。洋食では、パンを手で一口大に切ってから食べることがマナーであるのと同様に、和食でも、箸で一口大に切れないものには心得が必要である。

その代表的なこととして、歯形に気をつけたい。よく見かけるのだが、歯形を残した料理をそのまま皿に戻す人がいる。かまぼこなど箸で切れないものは、噛み切るしかないのだが、そのときの心得として、歯形が残らないように、左右を一口ずつ噛み、なるべく噛み切ったところが一直線になるようにする。

ちなみに小笠原流の伝書には、歯形を残すことを「月の輪のごとく」と表現して、注意するように説かれている。

ご飯のおかわりを頼んださいは、受け取った器を一度、折敷の上に置くこと。すぐに食べるのは「受け食い」といって浅ましい行為と見なされる。

浅ましい印象をつくってしまう食べ方としては、嫌い箸のひとつである「移り箸」も挙げられる。昔は、主食であるご飯を食べるために菜（おかず）があると考えていたので、必ずご飯と菜を交互に食べることが基本であった。現代においても、ご飯がある場合は、なるべくご飯を一口食べてから他のおかずに移るとよい。

食べ方ではないが、女性と比べて男性の所作で気になるのが、楊枝《ようじ》の扱いである。対面する人を気遣いながら使用するべきだが、正面を向いたままで楊枝を口に入れたり、使った楊枝の先を相手に見える場所に置く人も少なくない。

もうひとつ、食べ方以外で、食事の席において男性に多いと思われるのが、おしぼりで顔を拭く行為である。なかには、首や頭まで拭く人もいる。しかし、おしぼりは手を拭くことを目的として出されている。したがって、これから食事を始めるテーブルの上に顔を拭いたおしぼりを置くなどというのは、同席者、さらにはお店の人に対しても、大変失礼なことである。

食事の心得として最も重要なのは、伝書に書かれている「貴人を見合わせて喰うべし」ということ。つまり、同席者への配慮を基本とし、相手に合わせて楽しく食事を進めようとこころがけることが不可欠なのである。そのためには、まず、作法を身につけることが必要。

今まで勘違いしていた食べ方を改めて、正しい食事の作法を身につけていただきたい。

第三章　時・場所・状況をわきまえる

十九、普段着以外の服装で出かけてみる

ある週末に銀座へ買い物に出かけたさい、エンゲージリングやマリッジリングの購入のために、高級宝飾店を訪れる何組ものカップルを目にした。晴れの日のための大切なリングを求めるというのに、足元はサンダル、服装はTシャツに短パンという、カジュアル極まりない格好の男性が多いのはなぜなのだろう、という疑問が頭をよぎった。

こうした光景は宝飾店に限らず、レストランやホテルのロビーでも同様である。結婚披露宴に出席する子どもの足元は裸足のまま、などというのも珍しくない。それぞれのおしゃれに関するこだわりはあるのだろうが、服装に関する常識も多様化してしまって、基準がなくなっている。

そこで、このような現状をふまえ、日本人が守り受け継いできた着物の成り立ちに触れることによって、服装に込められた思いを考えてみたいと思う。

人は、服を着ることによって、体温調節をしたり、危険から身を守ったりするわけだが、それだけならば日本の着物は生まれなかったはずである。

考古学者の樋口清之氏は、著書のなかで、なぜ身体を隠すようになったのかという理由を四つ挙げている。まず、腰に巻いたベルトや紐《ひも》が性の象徴として存在し、身体を覆った布を腰の紐でしばったことが着物の出発点であるという。樋口氏も文中に書かれているのだが、実際、万葉集には、下紐を結ぶ歌が残っている。

残りの理由について、二つ目に、寒さ暑さを避けるため、三つ目に、身分・地位・階級・職業・性別などを示すため、四つ目に、布を巻くことによって幸せが訪れたり身体が清浄化されるというような、呪術的な意味が挙げられている。

初めは羞恥心《しゅうちしん》ゆえに身体を布で覆い、そこから「結び」の文化が生まれ、さらには清浄化に対する思いが、織物の発達にともなって着物を定着させたと考えられる。

つまり、着物は、単に衣をまとっているというだけではなく、着物の着方や帯の結び方などには、日本人の精神的文化が込められているのである。

このような、先人たちによって受け継がれてきた装いに関する文化を、軽んじてしまってもよいのだろうか。

日本人の礼儀作法への意識が希薄になったのは、この服装の乱れが大きな要因である。ハレの日とケの日の服装が、個々の常識のなかで分けられなくなってしまったのだ。

ハレとは「晴れ」のことで、農耕中心の年中行事、誕生から成人の祝い、さらには結婚や逝去までの人生における儀礼など、非日常を指す。今でも「晴れ着」というが、特別な日に晴れ着を着て、神に供物をし、餅、赤飯、米、酒などを飲食したのである。

このハレの日があるからこそ、日常のケの日がある。

だが、このハレとケの概念を提唱した柳田國男氏が、すでに昭和初期にハレとケの区別が曖昧《あいまい》になっていたことを指摘していることを考えると、現代は想像を絶する状況である。

晴れ着を大切にしていた時代を完全に過去のものとしてしまうのではなく、ハレとケに対する考え方を現代にも活かすことによって、今までにはない素敵な時間をはぐくめるのではないだろうか。

さて、このハレとケの装いを分けなければ、「今日は何を着たらよいか」と考えなくて済むが、この「考えなくて済む装い＝楽な服装」は、だらしない印象をつくり上げるばかりである。すなわち、社会人としての意識に欠けていることになる。

なぜなら服装は、その人の第一印象を決定する大きな要素であるため、その場に適した装いをしないことは、ときとして、所属する企業や団体などの恥になりかねない。時・場所・状況に応じた服装を考える工程が、その人自身の雰囲気をつくり出すと心得ておかねばならない。

また、ビジネスのみならず、プライベートの服装も、相手に対する思いを表していることを忘れないでいただきたいものである。家族や気心の知れた友人と出かけるのに、いちいち服装を考えるのは面倒だと思うのではなく、相手を思いながら装いを選ぶことは、コミュニケーションを深めるきっかけにもなるのではないだろうか。

ところで、最近は、以前と比べてゴルフに親しむ若い世代の人が増えている。それにともなってなのか、格式のあるゴルフ場でさえ、行き来のさいの服装やゴルフウェアがかなりラフになってきているという話をうかがうことが多い。

なぜゴルフ場では、ラフな服装が好ましくないのか。その理由は、もちろんパブリックのゴルフ場もあるものの、基本的にゴルフ場はメンバーシップによって運営されているからである。クラブハウスとは、メンバーのための設備がある建物を指すわけで、したがって、会員の同伴者としてプレーをする人は、あらたまって他家を訪問するような気持ちで身だしなみを整え、ゴルフ場を訪れるこころ構えが必要だと思う。

こうした配慮は、ゴルフ場に限ったことではない。レストランを予約するときに、「お越しになるさいはジャケットの着用をお願いいたします」と依頼されることがあるのも同様で、ある程度あらたまった場所には、服装のマナーも守ってこそ、その場を訪れる権利があるのではないだろうか。なぜなら、一人ひとりがこころがけてこそ、その場の雰囲気は守られ、つくられるものなのだ。時・場所・状況に対する配慮のない装いをするのは、あまりにも身勝手なことである。

今日は一緒に出かける人を思いながら、普段着以外の服装で出かけてみてはいかがだろう。

二十、洋装の基本を学ぶ

パーティの招待状に「平服」と書かれているからと、ジーンズで出席するのは礼に欠けている。だが、招待状に「ダークスーツ」と示されているのにもかかわらず、タキシードを着て出かけることもまた、非礼な装いである。夜の装いであるタキシード姿で、昼間の席に出かけることも避けなければならない。

このように、ドレスコードを無視した服装は、主催者に対しても、他の出席者に対しても失礼である。何を着て出席したいのかを考える前に、その席が設けられる趣旨やドレスコードを理解したうえで、装いを決定することが出席する側の責任である。

そこで、昼と夜の装いに関して、基本的なことをご紹介したいと思う。

《正礼装》

〔昼〕

モーニングコート。上着は、ドスキン、タキシードクロス、カシミアなどの黒無地。

ズボンは、コールズボンと呼ばれている白と黒、またはグレーと黒の縞《しま》で、白黒の縞のサスペンダーを用いる。裾口《すそぐち》はシングル（基本は、後ろが長くなるよう斜めにカットする）。

ベストは、上着と共布《ともぬの》（その場合は白襟《しろえり》付き）、アイボリー、グレー。

シャツは、白無地のウイングカラーまたはレギュラーカラー。ダブルカフスが好ましいが、シングルカフスも可。袖口《そでぐち》はカフリンクス（金か銀の台にパールや白蝶貝《しろちょうがい》など）で留める。タイタックかタイバーは、カフリンクスとお揃い。

ネクタイは白黒の縞、またはシルバーグレーの結び下げ（ネクタイ）かアスコットタイ。

手袋は、白かグレーの革製（布製可）。

ポケットチーフは、白本麻または白絹のスリーピーク。

靴下は黒無地。

靴は、キッドやカーフで黒の内羽根《うちばね》式（バルモラル）のストレートチップまたはプレーントゥ。

帽子を用いる場合は、黒かグレーのシルクハット。

〔夜〕

燕尾服《えんびふく》。

パーティの招待状に「ホワイトタイ」と記されている場合は、燕尾服を着用する。

上着は、タキシードクロス、ドスキン、カシミアなどの黒無地。

ズボンは上着と共布で脇に二本の側章、白のサスペンダーを用いる。裾口はシングル。

ベストは、白ピケで衿付き。

シャツは、白無地のウイングカラーでイカ胸、ダブルカフス。スタッドボタンとカフリンクスは、白蝶貝などの白色が基本。

ネクタイは、白の蝶ネクタイ（ベストと共布）。

手袋は、白の革製（布製も可）。

ポケットチーフは、白絹または白本麻。

靴下は、黒無地。

靴は、黒のエナメル革。オペラパンプスまたは内羽根式のプレーントゥ。

帽子を用いる場合は、ジャケットと共布、または黒のシルクハット。

《準礼装》

〔昼〕

ディレクターズスーツ。

上着は、タキシードクロス、カシミアなどの黒無地。濃紺やダークグレーも可。

コールズボンは、黒とグレーの縞で裾口はシングル。

ベストは、グレー系。

シャツは、白無地でウイングカラーかレギュラーカラー、シングルカフスまたはダブルカフス。カフリンクス、タイタックまたはタイバーは正礼装に準ずる。

ネクタイは白黒の縞、またはシルバーグレーの結び下げかアスコットタイ。

手袋は、グレーの革製か略してもよい。

ポケットチーフは、白本麻か白絹。シルバーグレーでもよい。

靴下は、黒無地または白黒の縞。

靴は、正礼装に準ずる。

〔夜〕

　タキシード。最近は、タキシードが正礼装として考えられることがあるようだが、本来は準礼装なのである。パーティの招待状に「ブラックタイ」と記されている場合は、タキシードを着る。

　上着は、タキシードクロスなどの黒、またはミッドナイトブルー。夏は白でもよい。

　ズボンは、脇に一本の側章、黒のサスペンダーを用いる。裾口はシングル。

　黒のカマーバンド（ヒダは上向き）を着用する。

　シャツは、白無地のウイングカラーまたはレギュラーカラーでヒダ（プリーツ）のあるもの。ダブルカフスが基本だが、シングルカフスも可。スタッドボタン（比翼仕立て以外の場合）とカフリンクスは、黒オニキス、黒蝶貝などで揃える。

　ネクタイは、黒の蝶ネクタイ。

　ポケットチーフは、白絹または白本麻。

　靴下は、黒無地。

　靴は、正装に準ずる。

《略礼装》

〔昼〕

ブラックスーツまたはダークスーツ。

〈ブラックスーツの場合〉

シャツは、白無地のレギュラーカラーかウイングカラー。カフリンクスは、白の石を用いたものを選ぶのが基本。

ズボンの裾口は、シングル。

ネクタイは、シルバーグレーやそれに準ずる淡色のもの、白黒縞の結び下げが基本。

ベスト着用の場合は、シルバーグレーが望ましいが、共布の黒でもよい。

ポケットチーフは白またはシルバーグレー。

靴下は、黒無地。

靴は、黒の内羽根式のストレートチップやプレーントゥ（モンクストラップ、ユーチップも可）。

〈ダークスーツの場合〉

ダークスーツの場合、制約は少ないのだが、華美になりすぎるのは好ましくないため、基本にそった装いを選んでいただきたい。

スーツは、チャコールグレーやミッドナイトブルーの無地、またはそれに近いもの。濃紺（グレー、黒、キャメルも可）のブレザーとスラックスも可。

シャツは白が基本だが、カフリンクスとともにスーツとのコーディネイトを考えて選ぶことが大切なので、制約は少ない。

ネクタイは、シルバーグレー系を合わせるとフォーマル感が増す。

ポケットチーフは、白または色のもの。

靴下は、スーツに合わせる。

靴は、正礼装、準礼装に準ずる。ただし、靴底は薄いものを選ぶ。

〔夜〕
ダークスーツ。

昼の略礼装と同様に制約は少なく、夜はベルベットやシルクなどの光沢感のある素材などを用いることができるという点が昼とは異なる。

ジャケットとスラックスを着用する場合も、夜の装いとしてのフォーマル感を忘れないこと。シャツ、ネクタイ、カフリンクスやその他の小物、靴の選び方の基本は、昼間と同様。


大切なことは、服に着られるのではなく、服を着こなすということである。

それには、流行をそのまま取り入れないことだ。礼儀作法を身につけようとするとき、時・場所・状況に応じた基本的な知識やふるまいを学び、覚えることは大切なのだが、そこに個性をプラスし、何よりも自然でなければ、単に決まりごとを真似するだけの堅苦しいものになってしまう。

装いも同様で、基本的な知識を学び、自分の体型の長所と短所を理解したうえで、他者に不快感を与えない範囲で流行を取り入れながら、自分に似合うものを選ぶのが望ましい。

洋装の基本を学び、その心得を身につけよう。

二十一、和装に触れる機会を持つ

着物に対する男性の興味が深まってきたようだが、実際に着物を購入したいと考えても、何から揃えたらよいのかわからず、結局のところ着物を手に取るまでには至らないという話をうかがうことが多い。そこで、着物に関する心得にも触れてみたいと思う。

《正礼装》

羽織、長着は、黒無地羽二重《はぶたえ》で抜紋《ぬきもん》の五つ紋付き。

袴《はかま》は、仙台平《せんだいひら》の馬乗袴《うまのりばかま》（ズボン型）。

長襦袢《ながじゅばん》、半襟、羽織紐、足袋、扇子は、すべて白色。

草履はたたみ表の雪駄《せった》で、鼻緒は白色。
帯は、錦やつづれなどで、無地の角帯。

《準礼装》
羽織、長着は、色羽二重で五つまたは三つ紋付き。
袴は、仙台平やお召《めし》の馬乗袴または行灯袴《あんどんばかま》（筒型でスカート状）。あるいは仕舞袴。
長襦袢、半襟、羽織紐、足袋、扇子は、すべて正礼装に準ずる。
草履は正礼装に準ずるが、鼻緒は黒や濃紺でもよい。
帯も正礼装に準ずる。

《略礼装》
羽織、長着は、お召や紬《つむぎ》などの一つ紋付き。
袴は、準礼装に準じた素材で行灯袴。
長襦袢は色無地（紺、茶、グレー、黒など）の羽二重、半襟も色もの。
羽織紐、足袋、扇子、などは白が基本。

草履は準礼装に準じるが、白の鼻緒は用いないこと。
帯は、博多織、西陣織などの角帯。

初めて着物を揃えるさいに必要なものは、長着、羽織、羽織紐、帯、長襦袢、足袋、草履、肌着（肌襦袢やステテコなど）、腰紐、そのくらいを目安にするとよい。

着物に慣れていないと、着崩れてしまいがちなのではないかと思う。着崩れを防ぐポイントとして、帯を締めるときは少し下の位置で腰紐を締めると崩れにくいのでお勧めである。着物の丈を短くして着てしまうと、品格に欠けた印象をつくるので避けること。

また、紬には独特の魅力があり、高価なものもある。最近はフォーマルな席で着用されることもあるようだが、あらたまった席では着用を控えることが好ましい。

さて、夏の花火大会などへ浴衣を着て出かける男性の姿を見かけるのは、大変嬉しいことである。だが、浴衣は着方だけでなく、歩き方も洋装とは違うことを心得ていないと、だらしない雰囲気が全面に出てしまい、せっかくの浴衣姿が台無しになってしまう。

単純なことだが、浴衣は裾が開きやすいことを考慮に入れて、外股になったり、歩幅が大

男性の浴衣

浴衣を着る

準備するもの　浴衣、下着（シャツ、ズボン下）、角帯、腰ひも1～2本、ウエスト補正用タオル

①シャツとズボン下を着用します。細身の人は、タオルを胴に巻き、補正するとよいでしょう。

②浴衣は後ろからはおるように着ます。両袖口を持って左右を引きながら、身体の中心に合わせます。

③左右の襟先をそろえて持ち、背縫いが身体の中心にくるように合わせます。

④背の中心がずれないように注意し、右手で持った下前を左脇に入れます。

⑩のどのくぼみの下あたりで、左右の襟が合わさるように着ます。

⑤左手で持っている上前を重ねます。右手で上前を押さえながら腰ひもをあて、左手を左へすべらせながら、腰骨の上あたりに巻きます。

⑧ ⑥ ⑨ ⑦

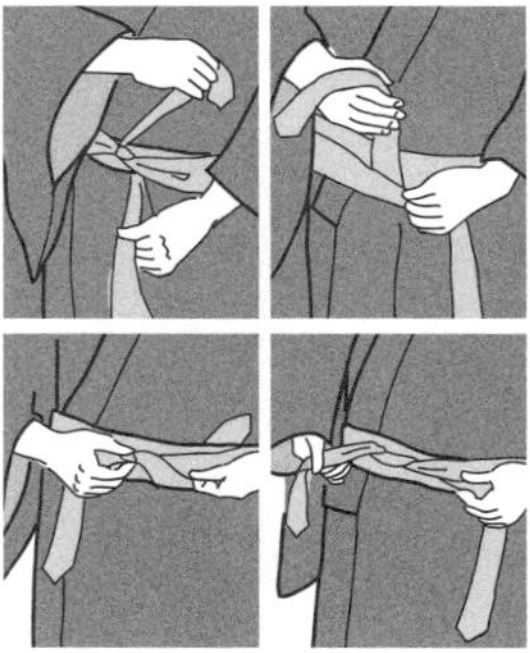

⑥⑦⑧⑨腰ひもは、一度からめたら再度からめ、左端を右へ、右端を左へとねじり、残りを挟み込みます。

⑪次に、角帯の結び方です。左帯の左側の端を３０cmほど二つ折りにして「て」をつくり、輪を下にして左手に持ちます。

⑫「て」と反対側の帯「たれ」を後ろから前へまわし、２～３周巻きます。体型により何周させるかは異なります。

⑬余った「たれ」を内側に折り込みます。

⑭折った「たれ」を「て」の上にかぶせ、下から上へ引き抜きます。

⑳両手で帯を持ち、右回りで、結び目を後ろにまわしましょう。逆にまわすと着崩れてしまいます。中心より左側にずれた位置に結び目を定めます。

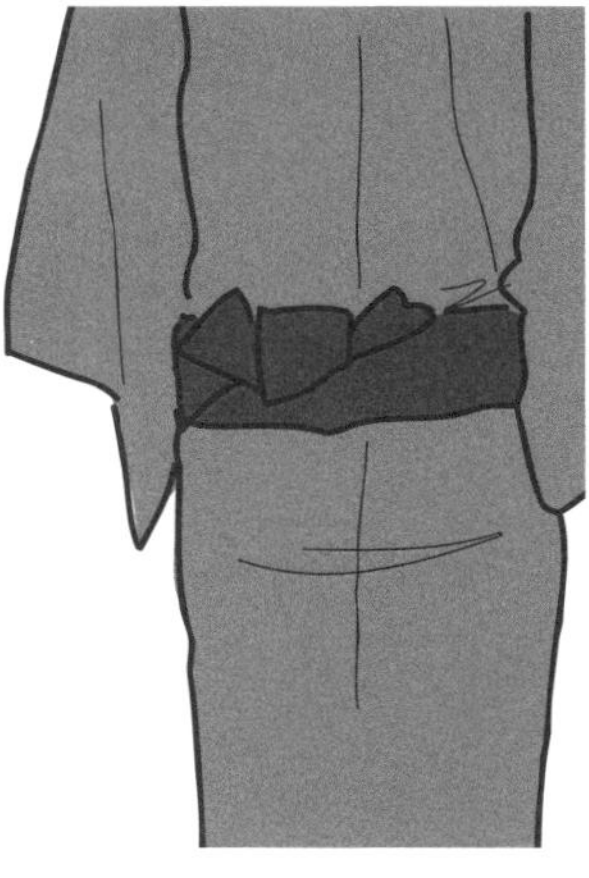

⑮帯がゆるまないようにしっかりと結び、「たれ」と「て」を縦にします。

⑯

⑰

「たれ」を下げ、左内側へ折り上げます。

⑱

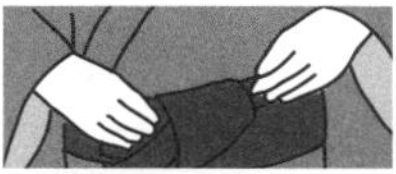

⑲

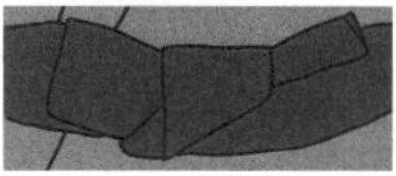

「たれ」の輪の中に「て」を入れてしっかりと引き、結びます。

きくならないようにする。下駄は、足の指にしっかりと力を入れて歩かないと脱げやすいので注意すること。浴衣を着るさいは、浴衣のほかに下着（シャツとズボン下）、角帯、腰紐（一、二本）、タオル（ウエストの補正）を用意する。

なお、浴衣の着方については、144〜147頁のイラストの通りである。

着物に限ったことではないが、よいものに触れながら目を養う機会を多く持つと、知識が増えるだけでなく、そのものの楽しみ方がわかってくる。着物は洋服と比べて高価なものではあるが、帯や半襟などで雰囲気が変わり、何よりも流行や年齢に左右されることなく、多少の体型の変化にも対応できる優れものである。

男性にもぜひ、和装に触れることにより、日本の精神文化を見つめ直すきっかけをつくっていただきたい。

二十二、贈り物にこころを込める

贈り物で大切なのは、どれだけの思いを込めてその品物を選び、相手へ贈るのかということである。したがって、高価なものだからよい、あるいは品数が多ければよいというものではない。もし、高価なものでなければ喜ばない相手なのであれば、相手の価値はそれくらいのものだと心得るべきであろう。

小笠原流の伝書には、初物《はつもの》の贈り物について次のように残されている。

初物音信に遣わすこと。たとえば数あるとも、多く遣わすことはわろし

これに続いて、小笠原の祖先が将軍に近侍《きんじ》していたさいに、茄子《なす》の初物が贈られたときのことが説かれている。そばにいた人はその祖先に対して、「十個の初物の茄子が贈られたのに、なぜ将軍には、たった三個しかお目にかけなかったのか」と不審を抱いた。

その疑問に、

初物など数多く進上しては初物というしるしなし

と答えたので、その場にいた人々は感心したという。確かに、夏にお鮨《すし》やさんでシンコ（新子）を食べて季節感を味わいたいと思うときに、何かんも食べたのではありがたみがなくなる。

こうした感覚は、初物に限ったことではない。たとえ相手の好物であったとしても、少ない家族構成を考えずに賞味期限の短い食べ物を大量に贈るのは、かえって相手の負担になりかねない。慎みのこころは、贈り物にも活かすべきである。

さて、私は仕事柄、さまざまな贈り物を頂戴する機会がある。そのなかで思い出深いものは、いずれも、相手が私のことを考えながら選んでくださったことがわかる品物であった。たとえば、手帳。出張の折にその手帳を見た瞬間、私のイメージにピッタリだったので、とお土産にくださったのだが、とても気に入っていて今でも大切に使用している。

また、本来は名刺やカードなどを収納するための、革製の小物入れを贈っていただいたときも感激であった。なぜなら、懐紙入れとしても使用でき、洋装にも合う小物入れを私が探していることを談話のなかで記憶されて、懐紙がピッタリ収まるものを見つけてくださったからだ。

また体調維持のためにと定期的にハーブティーを頂戴しているのだが、そのおかげで風邪を引くことがなくなった。一時、体調を崩しやすかったことを慮って贈ってくださることに日々、感謝している。

こうして贈り物からしあわせな気持ちをいただくと、相手にも喜んでいただける贈り物を見つけたいという思いが高まる。相手の立場で品選びをするようにこころがければ、おのずと妥協することがなくなるのではないだろうか。

ただし、自分の好みを相手に押し付けることは避けなければならない。

逆に、たとえ贈られたものが好みのものでなくても、吟味したうえで選んでくださったとわかる品がある。ところが、まったく相手を考えて選んでいないものは、その気持ちの浅さまで一緒に届けてしまう可能性がある。

なるべく相手が喜んでくださるようにするには、日ごろの会話から、趣味や嗜好《しこう》をリサーチして覚えていることが望ましい。何よりも、贈りたいと思う気持ちがあるから贈ることが大切なのである。見返りを考えるような贈り物ならば、贈らないほうがよい。自然なこころの動きで贈り物をすることは、負担ではなく、むしろ楽しく嬉しいものである。

贈答といえば、日本には古くから中元や歳暮が存在しているが、これこそ「贈らなければならない」でなく、「贈りたい」気持ちから贈らなければ無意味なことだと思う。これらの贈答の起源は、先祖供養と健在な親のイキミタマを含んだタママツリとして、祖霊への祀《まつ》りの供物から始まったともいわれている。

毎年、歳神《としがみ》様へ供物を持ち寄って新年を迎えることとは、親子、親戚、親方、子方の結束を高めるためにも大切なものだった。下から上の立場だけでなく、上から下の立場へも、贈答を通じて和をはぐくもうとしたのであろう。

今日は、大切な人に、こころを込めた贈り物を考えてはいかがであろうか。

第四章　電話、手紙、Ｅメールに配慮を持つ

二十三、Eメールの代わりに、手紙か電話を選ぶ

初対面の方とお目にかかったあとに、御礼を伝える手段として、Eメールが圧倒的な支持を得ている。

しかし、日本には手紙という素晴らしい文化があることを無視して、便利だからとEメールばかりに頼るのは残念である。なかにはEメールを作成することが、あたかも手紙を書いていることのように錯覚する人もいるが、ワープロの文字が直筆の文字にかなうはずがない。

確かに、Eメールは送信する側も返信する側も、手間を取らずに送受信できる。手紙を受け取るとかえって重荷に感じてしまい、Eメールなら返事ができるが手紙は積極的に返事をする気持ちになれない、という意見を聞いたこともある。だが、手紙の書き手の思いを受け

取ることも、手紙の心得のひとつといえよう。

郵便制度が普及する前は、人が手紙を届けたわけで、それには労力も時間もかかった。この時間が、書き手と受け手のこころをつなぐ。ゆったりとした時間のなかで伝えられる思いは、それだけ深さが感じられる。

だからといって、仰々《ぎょうぎょう》しく書くことが求められているのではない。短い文章でも思いは届けられる。それは、室町時代も同様であった。小笠原流には、手紙について、多くの心得が残されている。等輩《とうはい》（同輩）への手紙の一例は、次の通りである。

　その後は久しく拝顔あたわず候。本意に背き存じ候。何等のこと共候かな。御暇の時分参り申し入るべく候。又この辺り御次候わば、光臨仰ぐ所に候。諸事面上《めんじょう》のときを期し候。　恐々謹言《きょうきょうきんげん》

「その後はこころならずも久しくお目にかかっていないことが残念に存じます。お変わりありませんか。お時間がおありのときに、お訪ねしたく存じます。また拙宅《せったく》の近くへお出かけ

の際には、是非お立ち寄りくださいませ。お話ししたいさまざまな事柄につきましては、お目にかかりました折に。　敬具」――という内容である。

ご無沙汰を詫び、近況をうかがい、相手宅を訪問することや、こちらを訪ねてほしいという願いを、たったこれだけの文章で伝えている。短い文章だからこそ、「諸事面上のときを期し候」に再会を望む思いが表れているのだろう。

手紙は、便箋《びんせん》を埋め尽くすほど多くの文を書かなければならないと重荷に考えるよりも、こころに感じていることを素直にことばに託してみるほうが自然である。短い手紙に終わったとしても、そこにこころが存在していれば十分なのだ。

とはいうものの、書き方の基本はあるので、それについては次の項目でご紹介したい。

さて、この項目では、誤解が生じにくいコミュニケーションの方法を考えてみたい。

Eメールのみでやり取りを行うと、互いの気持ちにずれが生じたままで、修復が困難になることがある。特にビジネスにおいては、ときには対面したり、せめて電話で話す機会を持つことで、気持ちのずれや誤解を解くきっかけができる。

また、人に何かを依頼する場合、特に相手が目上の方ならば、手紙を送ったうえでお目にかかるのが最も丁寧である。だが、相手の都合もあるだろうし、急を要している場合は、お目にかかる時間のゆとりがない状況も考えられる。

そのようなときであっても、とにかくEメールは略式のものと捉えて選択肢から外し、電話をかけることが望ましい。そこで、電話で話をするさいの注意点を挙げる。

まず、対面していれば表情やしぐさから相手の反応がわかるのだが、電話の場合はお互いに声と、話すことばのみから印象を受けるため、対面時よりもこころを動かして会話を進めることが大切である。それには、声の表情に注意を払わなければならない。

「よそいきの声」などといわれるが、気を抜いた普段の声は、普段着にも似てだらしなかったり、ぶっきらぼうに響いてしまうことがある。親しい仲であっても、明るさや丁寧さを忘れて話してしまうと、ギクシャクした雰囲気に包まれることになりかねない。

電話では美しいことばを用いるだけでなく、声の品格にも意識を持っていただきたいものである。

声の品格は、大きさ、速度、イントネーションで決定される。元気な声で話すのはよいのだが、それにも限界があり、必要以上の音量は不快感につながる。

一方、小さな声だと聞き取りにくく、それもまた不快感を生み出すうえに、話の内容を正確に伝えることが難しくなる。速度は、ゆっくりと話すようにこころがけること。最近は年齢を問わず、語尾を上げたり下げたり伸ばしたりすることで、品格を損ねた話し方をしている人が増加しているので、これにも気をつけたい。

また歩きながら、あるいは肘《ひじ》をついて電話をかけると、そのいい加減な雰囲気が相手に伝わる。電話で話をしているときの態度は、不思議と声の表情に表れてしまうことも、考慮に入れておくべきである。


さらに、電話は一方的であってはならない。こちらから電話をかけるさいには、「お手すきでいらっしゃいますか?」「少々お時間頂戴できますか?」「いま大丈夫?」と、相手の状況を確認することが大切である。

電話では、かけた側、受けた側に限らず、対面しているときよりもさらに注意して、会話のキャッチボールを行えているか否かを自己に問いかけることが重要である。その気持ちは最後まで持続しなければならず、電話を切るときにはゆとりを持つこと。最後まで相手への気持ちを残すこと、すなわち「残心《ざんしん》」が大切なのだ。

基本的に、電話はかけた側が切る、といわれる。だが、たとえかけた側であっても、残心を忘れずに切るようにこころがけるべきではないだろうか。

Ｅメールとともに、手紙や電話を用い、バランスよく通信手段を使い分けることで、コミュニケーションの領域を広げられると思う。

親しい人にも、ときにはＥメールではなく、手紙か電話で連絡をしてみることをお勧めしたい。

二十四、手紙の心得を学ぶ

手紙は、白無地の便箋と封筒を用いるのが最も丁寧である。色や柄に頼るよりも、白のベースに文字をしたためるほうが潔《いさぎよ》く感じられる。

伝書には、墨絵と彩色絵について、

屏風の立てようのこと、墨絵と彩色絵あらば、まず墨絵を上に立てその次に彩色絵たるべし

と書かれている。墨跡や墨絵は地味でありながら品格があり、精神性の高いものとして上

にみるならわしがあった。そのようなこともあって、私は万年筆の場合でも、青色よりも黒色のインクを好んで用いている。

男性も、少しずつ時間をかけて筆に親しむこころがけは素敵ではあるが、なかなかその時間のゆとりがないと思うので、まずは自分らしい文字を書くことのできる万年筆を見つけて、手紙を書いてみてはいかがだろう。

ちなみに、自分らしい文字と、字が美しいというのとは異なる。文字に自分らしさを出すには、手紙をたくさん書くことである。そうすることで、文字を書くさいの力の入れ具合で表情を変えられたり、文のレイアウトのバランスなどもわかってきて、個性の感じられる手紙を完成させることができる。

さらには、手紙にも控えめさが必要。

それは内容だけでなく、書き方そのものについても同様である。たとえば、床の間には楚々《そそ》とした花が活けられたり、決して派手とはいえない一幅の掛け軸が存在するだけで、和室は控えめでありながら美しい空間となる。その空間へ相手を案内するとき、特に敬うべき人ならば上座の席を勧めるわけだが、その考え方は手紙にも通じる。

文中で、相手の名前や相手に属することを、行の下半分に書かざるをえなくなった場合は、その部分を空白にして次の行の上から書く。一方、自分の名前や自分に属することを行の上に書かざるをえなくなった場合は、上半分を空白にして下半分のところから書く。これが、手紙上の「上座」と「下座」である。

このように相手の名前を大切に扱うこころ遣いは、墨の濃さにまで及んだ。

いずれも賞翫《しょうがん》の名を書く時は、墨を濃くつぎ候いて書くべし

相手を思えばこそ、相手の名を書くさいにはかすれた文字にならないよう、墨を濃くつぐ。相手の名前は、相手そのものと心得ていたのである。その心得からすると、ボールペンの文字は細くてカジュアルな印象に映るため、ボールペンで手紙を書くのはお勧めできない。

さて、基本的に、はがきは誰もが内容を確認できる状況であるゆえ、略式のものであると心得て用いないと相手に迷惑をかける可能性がある。それゆえに、目上の方へのお礼状にははがきを用いるのは失礼だということを忘れてはならない。

また特にお礼状やお詫び状は、なるべく早くに送ることが好ましい。すぐに手紙が書けな

い場合は、まず電話でお礼やお詫びを伝え、あとから手紙を送ることも考えられる。

お礼状やお詫び状に限ったことではないのだが、手紙は鮮度が重要である。嬉しい気持ちや感謝の思いは、日が経ったからといって忘れることはないだろうが、当日に感じた思いに比べると少々褪《あ》せてしまう場合もある。これは手紙を書く側にとって、誠にもったいないことである。したがって、なるべく二、三日のうちに、筆かペンを取る癖を身につけるべきだと思う。

さらに、誕生日祝いや入学祝いなどの贈り物には、カードにひとことでもメッセージを書いて添えることが好ましい。また、お中元やお歳暮などの品物を百貨店などから直接配送する場合は、品物だけが届くことは避けていただきたい。なぜなら贈り物は、相手に対するこころをかたちにしたものだからである。先方へ品物が到着する数日前に、日ごろの感謝を述べた手紙を送るのが望ましく、文中には別送にて品物が届くことを知らせておくとよい。あるいは、品物に手紙またはカードを添えて送ること。

そのほかの注意事項として、会社の社名が入った便箋や封筒を、目上の方への改まった手紙や私用の手紙に用いるのは、簡易的な印象をつくることにもなり、失礼である。

手紙の心得を知り、さっそく、素直な気持ちを手紙にしたためてみてはいかがだろう。

二十五、手紙の構成を学び、時候の挨拶、頭語と結語を使い分ける

手紙は、頭語や時候の挨拶、相手の安否を気遣うことから始まる。それに続けて用件を伝え、最後に再び相手の健康などを気遣い、結語で結ばれる。頭語、結語にはそれぞれに決まった組み合わせがあるので注意しなければならない。

手紙の構成および頭語と結語については、次の通りである。

《手紙の構成》

■前文

①頭語

②時候の挨拶、先方の安否を気遣うことば
③お世話になっていることへの感謝
■主文
④「さて」「ところで」「さっそくですが」などと書き、前文と主文をつなげる
⑤用件
■末文
⑥「まずは取り急ぎ用件のみにて失礼いたします」「くれぐれもお身体おいといください」などの結びの挨拶
⑦結語
■後づけ
⑧日付
⑨差出人名
⑩宛名
⑪脇付（机下《きか》、御前《おんまえ》に、など）

■追って書き（副文）

書き残したことや追記したいこと。「追伸」「再伸」「二伸」などに続けて書く。

《その他のポイント》

■改まった手紙や目上の人に対する手紙で、前文を省略すること、および追って書きを用いるのは失礼である。

■書き忘れたことを付け加えたい場合は、最初から書き直すほうが望ましい。

■書き終えたら、誤字、脱字がないかを含めて丁寧に読み返す。改まった手紙には修正液を用いないのが好ましく、したがって一文字の訂正であっても間違いが見つかった場合は、すべて書き直すこと。

■手紙の日付と投函日は、同日であることが望ましい。

《時候の挨拶について》

一月　新春の候、初春の候、新春のみぎり、厳寒のみぎり、松の内も明け、いよいよ寒さも本格的になってまいりましたが

二月　立春の候、向春《こうしゅん》の候、残寒のみぎり、余寒のみぎり、春とは名ばかりの風の寒さですが
三月　早春の候、春寒の候、浅春《せんしゅん》のみぎり、ようやく春めいてまいりましたが、暑さ寒さも彼岸までと申しますが
四月　春暖の候、晩春の候、陽春《ようしゅん》のみぎり、花の便りの季節となりましたが
五月　新緑の候、若葉の候、薫風《くんぷう》のみぎり、若葉の緑が眩しい季節となりましたが
六月　初夏の候、梅雨の候、向夏のみぎり
七月　盛夏の候、猛暑の候、酷暑のみぎり、太陽が眩しい季節となりましたが
八月　晩夏の候、立春の候、残暑のみぎり、立秋とは名ばかりの暑さが続いておりますが
九月　初秋の候、清涼の候、新涼のみぎり、読書の秋ともうしますが
十月　仲秋の候、紅葉の候、清秋のみぎり、木の葉も美しく色づいてまいりましたが
十一月　晩秋の候、暮秋の候、向寒《こうかん》のみぎり、朝夕は冷え込んでまいりましたが
十二月　初冬の候、師走《しわす》の候、寒冷のみぎり、今年も残り少なくなりましたが

《頭語と結語》

	〈頭語〉	〈結語〉
■一般	拝啓 拝呈 一筆啓上	敬具 敬白 拝具
■丁寧	謹啓 謹呈 粛啓《しゅくけい》	謹白 敬白 頓首《とんしゅ》
■前文省略	前略 冠省 略啓	草々 不一《ふいつ》 怱々《そうそう》 不備 不尽《ふじん》
■急用	急啓 急呈	草々 不一

	急白	不備 不尽 敬具
■返信	拝復 復啓 謹答	拝答 敬具 敬答

以上が、基本的な手紙の構成と、頭語・結語の組み合わせである。特に改まった手紙はこの基本に沿って書くとよい。

ただし、すべてが借りてきたことばにならないよう、丁寧でありながらも自分の気持ちが込められることばを、日ごろから見つけておくことをお勧めする。

二十六、言霊を考えて手紙やはがきを書く

昔は「言霊《ことだま》」といって、ことばを発することによって実際の事象に影響を与える、と考えられていた。ことばには霊力があるとするからこそ、おめでたい席においては、不吉なことを感じさせる忌《い》みことばを嫌う思考が生まれたのであろう。

だが、ことばには、声に出さなくても、目には見ることのできない不思議な力が存在すると思う。なぜなら、手紙は文字を読むだけなのに、それぞれのことばから相手のやさしいこころ遣いや品格が伝わるものだからである。

したがって言霊の精神を手紙に活かそうとするとき、ことばの意味をしっかりと理解して用いることが大切なのだ。

「慇懃無礼(いんぎんぶれい)」ということばがあるように、丁寧ではあるものの決まりきったことばが羅列された手紙は、冷たい印象さえ与えかねない。

そのような印象は、出席か欠席を伝える返信はがきにも表れる。つまり、単に出欠を知らせればよいというのではなく、文字の消し方や添えることばに、こころが表れるのである。

出席の場合は、出席の上にある「御」、ならびに「御欠席」を一本線で消し、出席の下に「いたします」または「させていただきます」と書く。余白があれば、「おめでとう存じます」などと祝いのことばを添えてもよい。

欠席の場合は、同様に「御」を消して、欠席の下に「いたします」または「させていただきます」、その横に「仕事の都合により出席が叶わず、誠に申し訳なく存じます」などと簡単な欠席理由を書くと、こころが伝わりやすいだろう。

喪中で出席できない場合は、具体的な理由は書かないこと。

一般的に、「御住所」の「御」は消しても、「御芳名」の「御芳」の消し忘れが多いので、注意する。

また、自分の名前を書くさいは、表書きの宛名よりも文字が大きくならないようにする。

常に控えめであろうとする気持ちが重要だ。

同窓会などのお世話役の方に返事を送る場合などは、「いつもお世話になり、ありがとう存じます」と、ねぎらいのことばを添えるとよいと思う。

さらには、結婚披露宴の招待に対するはがきには「寿」を用いて消すとよい、といわれることがあるようだが、見た目が美しくないのでお勧めしない。

表書きについては、宛名が個人の場合は「行」を一本線で消して名前の下、あるいは左脇に「様」、企業や団体の場合は「御中」と書く。「様」と「御中」、いずれも宛名に付ける文字のため、特にこの部分は丁寧に書くことが大切である。

さて、出張先や旅先から絵はがきで便りを頂戴するのは、嬉しいものである。絵はがきの場合、文字を書くスペースが表面の二分の一しかないため、あらたまった挨拶文を書き添えることが難しい。また二十四項目でも触れたように、はがきは略式のものである。したがって、どうしても絵はがきを目上の方に差し上げたいさいには、表の全面を用いて内容を書き、それを封筒に入れるなどの工夫が必要である。

はがきには用いず、手紙に用いるとよいのは、「脇付《わきづけ》」。

脇付というのは、直接相手に手紙を届けるのは慎みに欠けるということから、相手への敬意を表して用いるものである。縦書きの場合、宛名の様の左下に小さめの文字で書く。

受取人が男性の場合、代表的な脇付は「侍史《じし》」「机下」「足下《そつか》」である。「侍史」とは、相手のそばに仕えている人（秘書）を指し、その人を経て手紙を差し上げる気持ちを表す。「机下」とは、相手の机の下、「足下」とは相手の足元を指し、お時間がおありのさいに読んでくださいという、こちらもへりくだった気持ちを表す。

「書札の次第」という伝書には、この脇付についても説かれており、昔は相手の地位によって脇付も細かく分けられていた。現代においては、脇付があること自体を知らない人が多いようだが、ここにご紹介したものだけでも、ことばの意味を理解して用いることにより、相手を大切にして思う気持ちをさらに表現することができる。

言霊を考えることで、便りに込める思いの表現の幅をひろげてみてはいかがだろうか。

第五章　冠婚葬祭はこころで対応する

二十七、祝いの席の準備をする

祝いの席に限らないが、最近は、時間にルーズな人が増えたように思う。時間厳守は当然だが、現地で手荷物をクロークに預けたり、化粧室で身だしなみを整えるゆとりを持つためにも、開宴の二十分前までに到着すること。

受付では、係りの人に「本日はおめでとう存じます」などと挨拶をし、招待状をお渡しして芳名帳に記帳する。お祝いを持参する場合は、挨拶のあとに金子《きんす》包み（祝儀袋）を差し上げる。ちなみに金子包みを直《じか》に上着の内ポケットに入れるのは、失礼である。かならず袱紗《ふくさ》で包んで持参し、受付手前で袱紗から包みを取り出す。

袱紗の包み方については、あとの項目でご紹介する。本来、お祝いとしてお金や品物を差し上げるさいは、当日の持参でなく、二週間前頃までにお届けするものである。

また、会場に入る前から、初対面の人とも積極的に話をしようとこころがけるべきである。特に着席形式で同じテーブルに着く人には、こちらから自己紹介をして和み、会場の雰囲気を温かくすることが、個々の出席者が担《にな》う責任だと思う。知り合いのみとの会話は好ましくない。


ところで、慶弔にかかわらず、スピーチを依頼されたり、あるいは主催する側としてスピーチをすることがあるかもしれない。規模にかかわらず、人前で話をすることについては、日ごろから準備をしておくとよいのではないかと思う。

私事になるが、宗家に就任したばかりの頃、二千人以上の聴衆で埋め尽くされた会場で、一時間ほどの講演をすることになった。それまで、先代の講演に同行はしていたものの、大勢の人前で話をすることはまったくなかったので、開演時の緊張はピークに達していた。今から考えるとお恥ずかしい話なのだが、まとめた原稿を覚え、壁に向かって何度も練習をして当日を迎えたのにもかかわらず、話の中頃で、頭のなかが真っ白になってしまったのである。

あのときの、心臓の鼓動が身体中に走った感覚は、現在も脳裏に焼きついている。おそらく五、六秒ほどの「間」だったと思うが、その「間」が会場内にどよめきを生んでしまった。その後は何とか話を進めて、講演を終えることができたのだが、その体験は、「こころから発したことば」ではなく、「覚えたことば」で話を進めた浅はかな自分を深く反省させてくれた。

さて、演奏家の友人が教えてくれたのだが、演奏の練習にかなりの時間をかけて行うのには理由がある。それは、間違いなく演奏できるという自信を、脳にインプットするためでもあるという。プロでも練習中に一回でも不安な箇所があると、その箇所で間違えてしまうのではないかという思いがこころのどこかに潜在し、本番のミスにつながることがあるらしい。その不安をこころのなかから完全に払拭《ふっしょく》するために、百回続けて間違いなく演奏し、こころを「無」の境地へ持っていくとも教えてくれた。

少々話が脱線してしまったが、人前で話をするのも同じである。まとめたスピーチの内容を、たとえひとつもミスがなく話せたとしても、それだけで思いは届かない。まずどのような方々が何名程度集まる場であるのか、自分はどのような立場でスピーチをするのか、などを理解したうえで内容をまとめ、何度もリハーサルを行う。最終的に、こころを込めながら話すには、内容の流れをしっかりと自分のものにする必要がある。

とはいうものの、話し手が泣いたり、大笑いしてしまうのは禁物であり、また、内輪のみで盛り上がるような内容や、誉めことばばかりを並べた内容で、会場に不自然な空気をつくらないよう気をつけなければならない。

スピーチを行う機会が増えると、内容の柱をいくつか立てるだけで話を進められるようになり、そうなると自然さが増す。

また、スピーチは短すぎても伝わらないが、長すぎると聞き手側に苦痛さえ与えかねない。自己満足だけで終わらないよう、日ごろからわかりやすく簡潔に話をするように努めることも重要だと思う。それには、仕事の場やプライベートの集まりでの自己紹介から、練習を始めてみてはいかがだろうか。

まず、「おはようございます」「こんにちは」「はじめまして」などと、ゆっくりはっきりとした口調で挨拶をし、数秒の間をとってから、「○○○と申します」と名乗る。

続いて自己紹介の内容に入るが、さまざまなことを盛り込むよりも、最も伝えたいことに焦点をあてて、手短にわかりやすく話す。最後に挨拶をして締めくくる。ときおり、パーティの席で、自分の仕事の内容や業績を売り込むことばかりに重きを置いた、長い自己紹介を聞くことがあるが、それでは逆効果である。

状況を察知し、メリハリのある話し方と内容で、すっきりとした自己紹介をこころがけ、実践することにより、スピーチの基本が身につけられる。

さらに、相手の話を真剣に聞く態度を忘れないことが、スピーチを聞く側の心得である。話す側にとって、笑顔であいづちを打ちながらこころを傾けて話を聞いている人が一人でも存在すると、気分が和《やわ》らいで話しやすくなる。

スピーチが始まっても雑談を続けたり、食器の音を大きく鳴らす人が後を絶たないが、誠に失礼なことである。出席するからには、最後まで出席者としての配慮を欠かしてはならないと思う。

直前になって慌てて準備をするのではなく、日ごろから祝いの席のための「こころ」と「かたち」の準備をしておくことで、よき日を、より晴れやかな気持ちで迎えることができるだろう。

二十八、悲しみの席のこころがまえを知る

昔から訃報を受けてすぐに駆けつける場合、喪服を着用するのは失礼だといわれている。これは、亡くなることを予期していたのではないか、との誤解を受けないようにするためである。

とはいうものの、派手なシャツやネクタイなどは避けるなど、できる限り派手な雰囲気にならない配慮は必要だ。したがって、訃報を受けてすぐにうかがう通夜の場合には、濃紺やグレーなどの落ち着いた色のスーツ、白無地のシャツ、地味なネクタイを選ぶ。

葬儀・告別式において、喪主、遺族、親族あるいは葬儀委員長などは正喪服の着用が基本

である。モーニングコート、ダークな縞柄のコールズボン、白無地のシャツ、黒のベスト(白襟は外す)、黒無地のネクタイ、黒のソックス、キッドやカーフで黒の内羽根式のストレートチップまたはプレーントゥの靴。タイピンは用いず、カフリンクスやサスペンダーなどはすべて黒。一部分に金属が用いられている場合は、シルバーのものに限る。

ちなみに、喪章は遺族と世話人のみが付けるもので、一般会葬者が用いることはない。

一般の会葬者の服装は、準喪服。光沢のない布地のブラックスーツ、白無地のシャツ、黒無地のネクタイ、黒のソックス、靴は正喪服に準ずる。通夜では、喪主も準喪服のブラックスーツを着る。


さて、日本で火葬が始まったのは文武天皇(六八三年~七〇七年)の頃といわれている。神式は仏式よりも、死を「けがれとして忌むべき」と考えていたため、大正期まで神社の神官が葬儀を司《つかさど》ることには制限があった。この理由もあって、仏式の葬儀が増えたのだが、形式はどうあれ、故人と遺族に対する思いは、服装だけでなく、ことばやふるまいにも表したいものである。

弔問のさいに「ご愁傷《しゅうしょう》さま」ということばが用いられるが、その意味をご存じだろうか。

「愁」はうれえる、すなわち悲しく思うということ。「傷」はこころをいためることだから、この二字で「気の毒に思う」という意味。

ただ決まり文句のように「ご愁傷さま」を用いるのではなく、「お察しいたします」などと自分のことばで遺族を慰《なぐさ》める気持ちを表すほうが自然だと思う。

ところで、通夜は本来、遺族や近親者のみで行われたものであった。理由は、死のけがれを他者に及ぼさないようにと考えたからである。その考えが次第に薄れ、親しい人が最後のお別れをしたいと思う気持ちや遺族を気遣う思いから遺族以外の人も弔問するようになった。

神式では通夜祭と遷霊祭《せんれいさい》、キリスト教では通夜の集い（カトリック）または前夜祭（プロテスタント）と呼ばれて、通夜が行われることが多い。

また葬儀は、遺族や近親者が故人の成仏《じょうぶつ》を願う儀式である。告別式は、友人や知人などの弔問者が故人との最後のお別れを告げる儀式である。

神式では、斎主による祭詞奏上《さいしそうじょう》のあと、遺族や近親者が玉串奉奠《たまぐしほうてん》を行い（葬場祭）、一般会葬者が玉串奉奠を行う（告別式）。葬場祭と告別式は併せて行う場合もある。

キリスト教では、カトリックとプロテスタントで式次第が異なるが、葬儀と告別式を区別せずに行うのは同じで、献花を行うのが一般的である。

仏式の焼香と線香、神式の玉串奉奠、キリスト教の献花については、次の通りに行う。

《焼香》
・香炉台の数歩手前で、遺族、僧侶に一礼。
・遺影に向かって合掌礼。
・香炉台の前に進み、右手で抹香《まっこう》を取り、左手で受ける。
・左手を目の高さ程度に上げて押し頂いて念ずる。
・丁寧に抹香を香炉に落とし、合掌礼。
・数歩下がり、遺族、僧侶に一礼。
（※焼香の基本は一回でよいが、その場の宗派に合わせることも大切。）

《線香》
・線香台の数歩手前で、遺族、僧侶に一礼。
・遺影に向かって合掌礼。
・線香台の前に進み、右手で線香を取り、ろうそくで火をつける。

・線香を左手に持ち替え、右手であおいで火を消す。（※線香は息をかけて吹き消さないようにすること。）
・線香を右手に持ち替え、線香台に立て、合掌礼。
・数歩下がり、遺族、僧侶に一礼。

《玉串奉奠》
・玉串は受け取ったあと、胸の高さ程度に保ちながら台の近くへ進む。
・玉串を押し頂き、一礼。
・玉串の根元が霊前に向くように、二度に分けて時計回りで回し、台に置く。
・二礼二拍手一礼して下がる。（※拍手〔柏手《かしわで》〕は、しのび手といって音を立てない。）

《献花》
・花を取り、台に進む。
・花の根元が霊前に向くように、二度に分けて時計回りで回し、台に置く。
・遺影に目を向け、故人への祈りを込めて一礼。

焼香の作法

①遺族や僧侶に一礼をしてから、焼香台に進みます。

②遺影に向かい合掌礼をします。手は丸みをもたせ指をそろえます。

③右手で抹香を一つまみ取ります。左手をそえましょう。

④左手で受けて、目の高さに押し頂いて念じます。

⑤抹香を静かに香炉に落とし、遺族や僧侶に一礼して下がります。

線香の作法

①線香を右手で一本取り、ろうそくで火をつけます。

②線香を左手に持ち替え、右手であおいで火を消します。

③線香台に立てたあと、合掌礼をします。

玉串の作法

①玉串を押し頂いて一礼します。

②根元が自分のほうに向くように時計回りに取り回します。

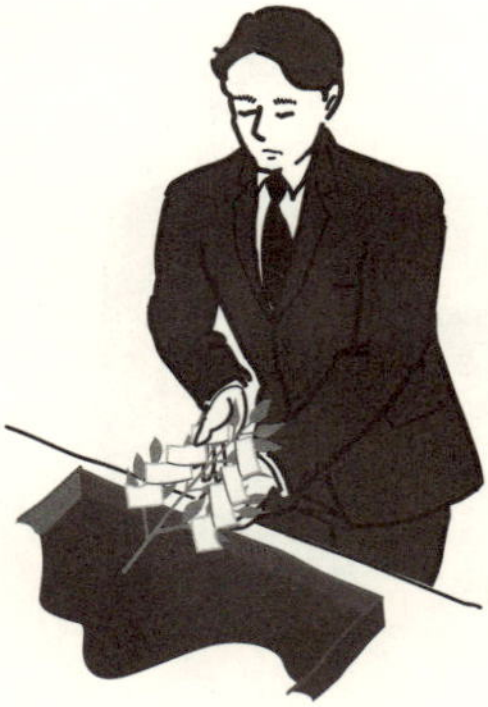

③時計回りに取り回して根元を霊前に向け、玉串を台に静かに置き、左、右の順に手を引きます。

④二礼、二拍手、一礼をして下がります。

献花の作法

①一礼してから花を取り、両手で持って霊前に進みます。

②時計回りに取り回し、花を霊前に向けます。

③時計回りに取り回し、花を自分のほうに向けて台に置きます。

④遺影に目を向け、祈りを込めて一礼します。

ときおり、通夜と告別式のどちらにうかがえばよいかと尋ねられることがある。仕事や体調などの都合は別として、通夜にうかがう間柄ならば、告別式にうかがうのは当然のことといえよう。

突然の故人とのお別れがあっても、真摯な気持ちで故人の冥福を祈ることができるよう、悲しみの席の心得を身につけておくことも必要ではないだろうか。

二十九、年中行事を生活に取り入れる

「冠婚葬祭」と聞くと、おそらく「婚」と「葬」のどちらかを指すイメージが強いのではないかと思う。だが、「冠」と「祭」があるからこそ、日本特有の文化が受け継がれてきたのである。

「冠」とは、人が誕生してから死に至るまでの人生の通過儀礼を指す。人生のなかで、それぞれの折目節目に営まれる儀礼は、祝うことだけでなく、周囲の人が本人の長寿を願い、本人も生きていることを自覚しながら己の命を大切にしたいと思うとともに、周囲に対する感謝を示す機会でもある。

「祭」は、年中行事を指す。日本文化は、生活のなかに自然を上手に取り込んでつくられてき

たが、正月行事に始まって、各月ごとにさまざまな年中行事が現代においても行われている。日本人が季節のうつろいを楽しみながら暮らしていたことは、伝書の一説からも読み取ることができる。

草木の花、枝にてもかいしきにつかうときには、おくれたる花は不吉なり。これ皆死《し》に花《ばな》なり。時節に合いたる花はもちろんなり。時節よりも先へ先へとつかうなり

南天や桃など、草花や枝ものを食べ物の下に敷いて器に盛るさい、季節よりも遅れているものを用いるのは縁起が悪いとされ、逆に季節を先取りすることをよしとした。季節の盛りよりも、むしろ季節のうつろいを大切にする、控えめな美しさを求めるところに、日本人らしさが感じられる。

さて、代表的な年中行事といえば、五節供《ごせっく》であろう。五節供というくらいだから、一年を通して節供は五つ存在する。そのうち雛祭り、こどもの日、七夕は思い浮かぶと思うが、残りの二つの節供を知らない人も少なくない。

五節供は、中国から伝わった行事だが、日本の折目節目の概念と融合したからこそ、特定の年中行事として根付いたと考えられる。節供は、季節の変わり目に不浄を清め、忌み慎んで神を祀る節日に、神へ捧げる供御《くご》を「節供《せちく》」と呼んだことから、「節供《せっく》」になったといわれている。

まず一年のうちで最初の節供は、一月七日の人日《じんじつ》の節供である。この節供のいわれについて、伝書には、

七日は人日として人の生り初めつる日といえり

とある。この日は、さまざまな災厄がくる日と考えられていたため、神に粥《かゆ》を供え、災厄を除きたいと願ったという。現代でも七草粥を食べる風習が残っているが、もとは正月の時期に、食べすぎたり飲みすぎたりした胃腸をいたわり、その後の農作業に備えた行事食といえる。七草は手軽に入手できるものなので、この日に召しあがってみてはいかがだろうか。

二つ目の節供は、三月三日の上巳《じょうし》の節供。もとは陰暦三月最初の巳《み》の日を指していたこの節供は、桃の節供、女の節供とも呼ばれ、一般的には雛祭りとして定着している。

雛は、形代《かたしろ》としてつくった人形で身体を撫《な》で、水に流して災厄をまぬがれるという呪具《じゅぐ》だった。それが一説には、寛永の頃につくられた等身大ほどの寛永雛から飾られるようになったといわれている。

桃は、邪気を祓う仙木とされた。桃の花を浸した酒や桃の葉を刻んでいれた酒を飲むと邪気を祓うと考えられ、これを飲んで延命を祈ったのである。雛祭りは女性の祝いだから男性には関係ないとするのではなく、三月三日以前から桃の枝を部屋に飾り、当日は桃の花びらを酒に浮かべて飲み、家族や友人たちと健康を願うだけでも楽しいのではないかと思う。

三つ目の節供は、五月五日の端午《たんご》の節供。上巳と同様、もとは月の初めの午《うま》の日を指していた。

端午の節供といえば鯉のぼりだが、中国の、黄河の流れが急な龍門で、滝をのぼり切った鯉が龍になったという故事がある。ここから鯉は立身出世のシンボルとされ、武家の威勢を表す陣中の吹き流しと、邪気を祓うことを目的とした薬玉が合わさり、鯉のぼりになったとされる。

鯉のぼりや兜《かぶと》を飾るゆとりがないという人には、「尚武《しょうぶ》の節供」ともいわれるこの日に菖蒲湯《しょうぶゆ》につかって気分転換し、翌日、新たな気持ちでオフィスへ向かうことをお勧めする。

四つ目の節供は、七夕。江戸末期に一般化した七夕竹は、川や海に流す地方がある。この日に雨が降ると織姫と彦星が会えないといわれるが、地方によっては雨が降るほうがよいと考えられているところも少なくない。

陰暦の七月七日に供えられた索餅《さくべい》というのがもとになって、この日に素麺《そうめん》を贈ったり食べたりするようになったと伝えられている。願いごとを短冊《たんざく》に書いて飾るのは、イモの葉についた朝露で墨をすり、その墨で短冊を書くと字が上達するといわれているからである。短冊を丁寧に、願いを込めて書くだけでも、七夕の趣が感じられるのではないだろうか。

五つ目の節供は、重陽《ちょうよう》の節供。奇数を陽の数、偶数を陰の数とするが、陽の数で最も大きな九が重なるので、重陽という。この日は、菊の節供とも呼ばれ、菊を愛《め》でることが盛んに行われるが、平安時代から、宮中では詩を詠じて菊花酒が嗜まれた。

桃の花びらのように菊の花びらも酒に浮かべて飲むと、災いを避けるとされている。こちらも、気軽に節供の雰囲気を味わうことができると思う。

年中行事のなかで五節供を取り上げたのは、何となく一年が過ぎ去ってしまうというのではなく、年に五回だけでも節目を感じながら生活する大切さを見直し、季節を感じることで、生活にメリハリをつけるきっかけをつくっていただきたいからである。

三十、包み方の基本を知る

海外で品物を購入すると、日本の包装がいかに丁寧であるかということを痛感する。ときに過剰包装と思うこともあるが、包みに関して長い歴史を持つ日本人としては、誰もが包みの意味を知り、この文化を受け継いでいくべきではないかと思う。

贈答のはじまりは、神への供え物と考えられている。年中行事と同様、天候などによる自然災害を防ぎ、神からの加護を祈り、供物を捧げたのである。神の力が宿った神酒や供物を、神からのおさがりとしていただくことによって、同席している人たちとの地縁や血縁を固く結びたいと願った。

神への供物が贈答として人と人とを結びつける役目となり、さらにその品物を紙で包み、水引で結ぶことによって「こころ」を「かたち」に表すようになったのである。

昔、公卿たちは、手紙を送るさいに紙の白さを競っていたといわれるほど、紙は貴重なものであった。また、白の紙で贈り物を包むことによって、外からの悪疫から隔離し、贈り主自身のけがれを清めるとも考えられていた。白の紙で包むことは、清浄感の強い日本人らしいこころ遣いの表れといえよう。

さて、一般的に祝儀袋、不祝儀袋と呼ばれている包みは、「金子《きんす》包み」と呼ぶ。昔は、お金を不浄のものと考えていたため、今でも白の紙で包むことは欠かせないのだが、その前提に新札を用意するのは必須である。

弔事の金子包みは、訃報を受けてすぐに駆けつける場合に喪服を着用しないことと同様、新札を用いるのは非礼といわれることがある。だが、前述の通り「お金は不浄のもの」とするならば、使用された紙幣を包むことも失礼であり、したがって新札を一折して差し上げるとよい。

金子包みのみならず、贈答に用いるものには、「花包み」「扇子包み」「墨包み」など、包

金子包みの表書き

一般的なお礼

結婚のお祝い

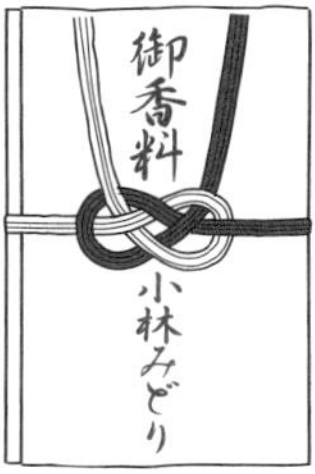

仏式の弔事

入学のお祝い

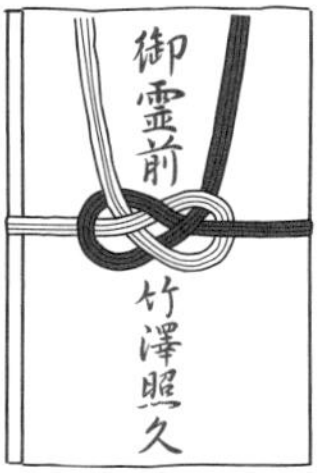

浄土真宗以外、すべての弔事
(四十九日などの忌明け前まで)

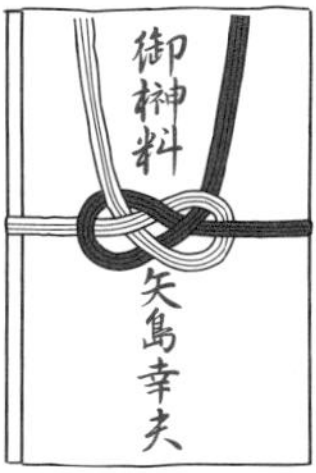

神式の弔事

むものによって多くの包みが伝えられている。紙を折ることから「折紙《おりがみ》」と呼んでいたのが、品物によって包み方が異なることから、「折形《おりがた》」と呼ぶようになった。

この「折形」は、室町時代に小笠原流などの故実家によって、礼法の体系に組み込まれ、贈答に欠かせない要素として定着したのである。この頃、すでに四十種以上の折形が完成していたが、江戸時代末期には、さまざまな人の手によって四、五百種にまで増えたといわれている。

さらに、折形には水引《みずひき》がつきものである。水引を結ぶ理由は、包みをしっかりと固定させるだけの単純なことではない。折形が一折一折こころを込めて紙を折るように、水引もこころを込めて結ぶことが大切であり、だからこそ礼法の一端を担っている。

水引の主な結び方には、「真結び」「あわび結び」「もろわな結び」がある（左頁イラスト）。真結びは結びきりと称され、あわび結びとともに結婚祝いなどに用いられる。その理由は、一度結んだら簡単にほどけないということから、一生に一度という意味を示している。

一方、もろわな結びは先端を引くとすぐにほどけることから、日常の贈答や、何度重なってもよい出来事に用いる。

このようにして用意された包みは、袱紗《ふくさ》や風呂敷を用いて持参することが好ましい。二十

用途に合わせた水引き

真結び
慶弔いずれにも用いる。

あわび結び
慶弔いずれにも用いる。

もろわな結び
日常の贈答、あるいは何度も重なってもよい祝い事に用いる。

袱紗の包み方

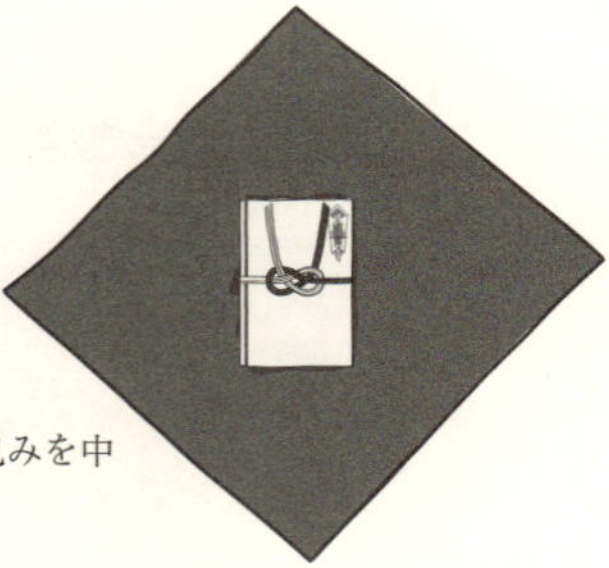

①袱紗を広げ、金子包みを中央に置きます。

②上の角を下向きにして、包みにかけます。

③次に下の角を上向きにかけた後、左側を右にかけます。

④最後に右側を左へかけて包み、シワを伸ばし、かたちを整えましょう。

風呂敷の包み方

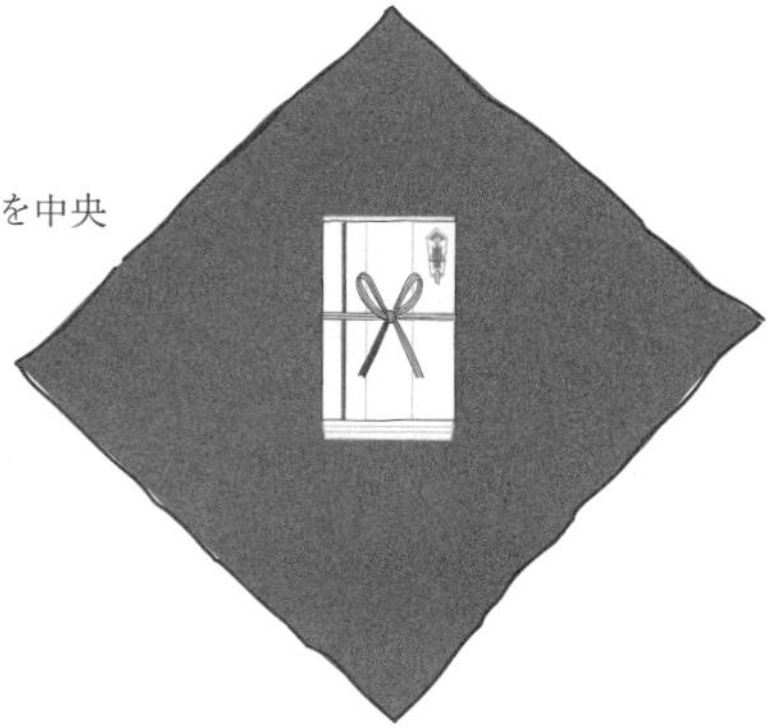

①風呂敷を広げ、品物を中央に置きます。

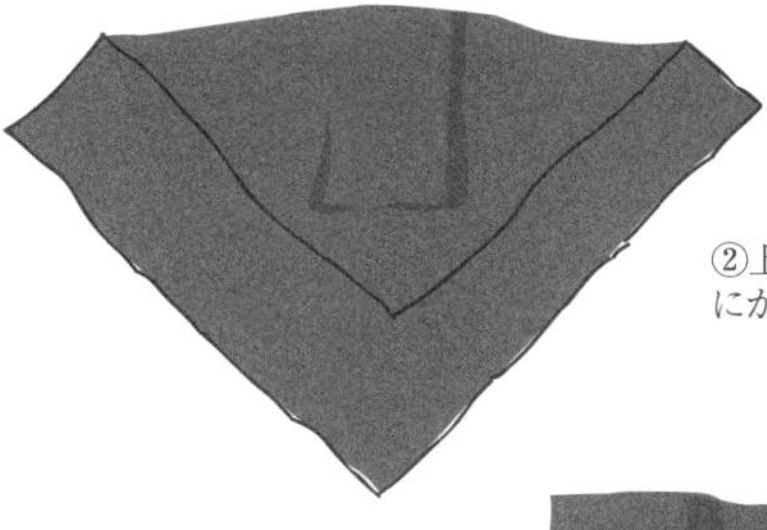

②上の角を下向きにして、品物にかけます。

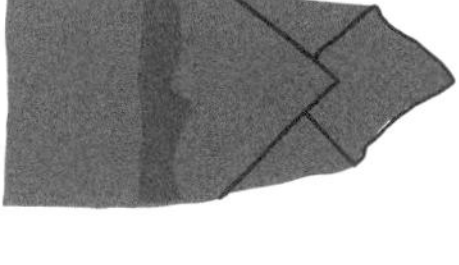

③下の角を上向きにかけた後、左側を右にかけます。

④最後に右側を左へかけて包みます。袱紗と同様に、風呂敷上面のシワを伸ばし、かたちを整えましょう。

七項目でお伝えした袱紗の包み方は、202頁のイラストを参考に、活用いただきたい。また袱紗、風呂敷どちらもほこりよけのものであるため、外してから差し上げることが基本である。

自分で紙や水引を用意し、折り、結ぶ過程は、時間も労力も要する。だが、それゆえに「こころ」を「かたち」に表現できるのである。一般的に、金子包みは市販のものを購入し、百貨店などで商品を購入したさいには、熨斗《のし》や水引が印刷された紙が包みの上から掛けられることが多いだろう。そのような場合でも、それぞれに込められた意味を考えたうえで用いることを忘れないでいただきたい。

包み方の基本を理解することによって、今まで以上に相手への気持ちを贈り物に込めて、差し上げてみてはいかがだろうか。

おわりに

近年の自然災害の猛威は、私たちに、自然と共存しながら生きていくことの厳しさをあらためて感じさせる。先日、和歌山県での台風災害の復興に力を貸したいと、東日本大震災で被災された方々が尽力されていることをうかがい、こころが震えた。ご自身が苦しい体験をなさりながらも、ほかの地域での復興に協力されるのはなぜか。それは当事者でない私にとって推測の域を出ることはないのだが、さまざまな辛く悲しい思いを経験され、それでも生きていかなければならない厳しさをご存じだからこそではないだろうか。今度は自分たちが力になりたいという気持ちと、感謝のこころが備わっていらっしゃるからではないかと思う。

「身を殺して仁を成す」ではないが、他者のために身を投げうって尽くそうとするその姿勢は、日々の生活に流されて、忙しなさばかりを感じる自己中心的な思考に、反省する機会を与えてくださった。

東日本大震災以降、日本人は自国の文化に対する誇りや周囲への思いやりの大切さに気づきはじめたのではないだろうか。その「気づき」を、一過性のものにするのではなく、持続していただきたいと思うばかりである。

さて、本書では三十項目を挙げているが、それぞれをたった一日で身につけるのは難しい。だが、くり返すことで、「こころ」も「かたち」も備わってくるものである。自分は不器用だからとあきらめるのではなく、くり返すことによって生まれる「強さ」があることを忘れないでいただきたい。本物といわれる人は、努力をおこたることのない才能を持っている。きわだった才能を持っているのは素晴らしいことだが、努力を積み重ねられることは、それに勝るとも劣らない才能だと思う。

無理をするのではなく、ほんの少しだけでも、こころを積極的に動かし、周囲へのこころ遣いを持つことが、三十項目を身につけることにつながる。自分がどう見られるかということに重点を置くのではなく、他者を慮《おもんぱか》るこころのゆとりを持つようにこころがけると、おのずとふるまいも美しくなる。

序章でも記したように、小笠原流礼法は武家社会のなかで確立されたものであるが、とかく礼儀作法は、女性が学ぶものというイメージが強いように思う。だが、ストレス社会といわている現代だからこそ、男性の方々も、こころのバランスを保ちながら穏やかな気持ちで他者とのコミュニケーションを円滑にするきっかけとして、礼儀作法を見直されてはいかがだろうか。

このたびの出版にあたり、お力添えをいただいた光文社新書編集長の森岡純一様、草薙麻友子様、出版プロデューサーの久本勢津子様、その他関係者の皆様、さらには貴重なご意見をくださった方々と小笠原流礼法の門人にこころからの感謝を申し上げる。

読者の皆様におかれては、日々の暮らしをさらに豊かにするきっかけづくりに本書を役立てていただければ幸いである。

「すること」と「しないこと」をこころで見極め、行動されることを心奥《しんおう》から願っている。

平成二三年十月吉日

小笠原敬承斎

小笠原敬承斎（おがさわらけいしょうさい）
東京都に生まれる。小笠原忠統前宗家（小笠原惣領家第32世・1996年没）の実姉・小笠原日英尼公の真孫。聖心女子学院卒業後、イギリスに留学。副宗家を経て、1996年に小笠原流礼法宗家に就任。700年の伝統を誇る小笠原流礼法初の女性宗家となり、注目を集める。門下の指導にあたるとともに、各地での講演や研修、執筆活動を通じて、現代生活に応じた礼法の普及に努めている。著書に『誰も教えてくれない 男の礼儀作法』（光文社新書）、『見てまなぶ 日本人のふるまい』（淡交社）、『イラストでわかる礼儀作法基本テキスト』（日本能率協会マネジメントセンター）、『美人の〈和〉しぐさ』（PHP研究所）、『誰からも好かれる社会人のマナー』（講談社）などがある。

男《おとこ》の一日一作法《いちにちいちさほう》

2011年11月20日初版1刷発行
2011年12月20日　2刷発行

著　者 ── 小笠原敬承斎

発行者 ── 丸山弘順

装　幀 ── アラン・チャン

印刷所 ── 堀内印刷

製本所 ── 榎本製本

発行所 ── 株式会社光文社
東京都文京区音羽1-16-6（〒112-8011）
http://www.kobunsha.com/

電　話 ── 編集部03（5395）8289 書籍販売部03（5395）8113
業務部03（5395）8125

メール ── sinsyo@kobunsha.com

 ISBN 978-4-334-03651-5

528
会話は「最初のひと言」が9割
向谷匡史

会話において最も重要なのは、優れた話術でも笑いのネタでもなく、的を射た「最初のひと言」だ！　各界のトップたちに取材を続けてきた著者が〝最強のひと言〟を伝授する。

978-4-334-03631-7

529
精神医療に葬られた人びと
潜入ルポ　社会的入院
織田淳太郎

ノンフィクション作家である著者が、ある精神科病院の「長期療養型」病棟への入院体験をもとに、二十万人とも言われる「社会的入院」の内実を初めて明るみに出す。

978-4-334-03632-4

530
ニッポンの国境
西牟田靖

近年、諸外国との間で続く「領土問題」が日本の新たなリスクとなりつつある。北方領土、竹島、尖閣諸島で何が起きているのか。貴重な現地ルポを交え、その原因と真相に迫る。

978-4-334-03633-1

531
ジャズと言えばピアノトリオ
杉田宏樹

ピアノ・ベース・ドラムスからなるピアノトリオは、まさに「最小のオーケストラ」。本書は、そんなピアノトリオの魅力と聴く醍醐味を、著者おすすめのCDとともに紹介する。

978-4-334-03634-8

532
公務員試験のカラクリ
大原瞠《みはる》

試験の難しさと独特のクセから特別な対策が必要で、一般の「シューカツ」とは両立しえない公務員試験の世界を解説。長年受験指導をしてきた著者独自の試験突破のコツも紹介。

978-4-334-03635-5

533
人は上司になるとバカになる
菊原智明

なぜ優秀な先輩、気さくな先輩が、昇進したとたんにイヤな上司に変貌するのか？　その秘密を、彼らへの対処法と共に解き明かす。東レ経営研究所特別顧問・佐々木常夫氏推薦！

978-4-334-03636-2

534
内科医が教える 放射能に負けない体の作り方
土井里紗

放射性物質による低線量被曝、内部被曝の影響をできるだけ少なくするには…？　食事法、栄養療法、生活習慣、デトックス法など、日常的に実践可能な具体的対策を紹介する。

978-4-334-03637-9

535
ふしぎなふしぎな子どもの物語
ひこ・田中

テレビゲームから、テレビヒーローもの、アニメ、マンガ、児童文学まで、「子どもの物語」を串刺しにして読み解く試み。そこから見えてきた「子どもの物語」の変化とは？

978-4-334-03638-6

536
世界最高のピアニスト
許光俊

心を動かす演奏って何？　美しい音って何？　まずは聴いてみよう。20世紀以降の名ピアニストたちの演奏を、感じ、悦び、楽しむためのクラシック案内。名演CDリストつき。

978-4-334-03639-3

537
専門医が教える がんで死なない生き方
中川恵一

Dr.中川が〝がんは遺伝〟〝がん家系〟といった誤解を解き、予防法から治療まで徹底解説。多くの専門医からのアドバイスや放射線の疑問に答えるコラムも充実。〝使える〟一冊。

978-4-334-03640-9

538
「銅メダル英語」をめざせ！
発想を変えれば今すぐ話せる

林則行

英語の成績最下位の著者がトップになり、ＭＢＡ留学を成功させ、世界で活躍する国際金融マンになった最短・最速の実践的上達法を大公開。本邦初、英語嫌いが書いた英語の本。

978-4-334-03641-6

539
宇宙のダークエネルギー
「未知なる力」の謎を解く

土居守　松原隆彦

宇宙の真の姿とは？　最新の宇宙論と天文学が問いかける謎が、いま、大きな注目を集めている。宇宙とは、いかなる存在なのか――。理論と観測の両面から迫る、刺激的な一冊。

978-4-334-03642-3

540
愛着障害
子ども時代を引きずる人々

岡田尊司

いま多くの人が、愛着の問題を抱えている！　人格形成の土台ともいうべき「愛着」を軸に、生きづらさやうつ、依存症などの問題を克服するうえで、新しい知見を提供する。

978-4-334-03643-0

541
もうダマされないための「科学」講義

菊池誠　松永和紀
伊勢田哲治　平川秀幸
飯田泰之＋ＳＹＮＯＤＯＳ編

科学とはなにか？　科学と科学でないものの間は？　科学を上手に使うには？――学校が教えてくれない、科学的な考え方を、稀代の論客たちが講義形式でわかりやすく解説。

978-4-334-03644-7

542
統計・確率思考で世の中のカラクリが分かる

髙橋洋一

「統計数字はウソをつかないが、それを使う人はよくウソをつく」――正しいデータ解析方法や統計のウソを見破る方法を解説。天才・タカハシ先生の問題解決ツールを伝授！

978-4-334-03645-4

543
まじめの罠
勝間和代

「まじめ」を疑ってみませんか？ いま、日本社会がこの罠にハマっていると考えると、いろいろな謎を解くことができます。「脱・まじめ」の上手な方法と、そのご利益。

978-4-334-03646-1

544
上野先生、勝手に死なれちゃ困ります
僕らの介護不安に答えてください
上野千鶴子
古市憲寿

『おひとりさまの老後』を残し、東大を退職した上野千鶴子に残された教え子・古市憲寿が待ったをかける。親子の年齢差の2人の対話をきっかけに若者の将来、この国の老後を考える。

978-4-334-03647-8

545
手塚治虫クロニクル 1946～1967
手塚治虫

'46年のデビューから'67年までの傑作選上巻。「鉄腕アトム」「ジャングル大帝」など代表作とともに若き日の初々しい作品が味わえる。'68年以降の下巻に続く。

978-4-334-03648-5

546
個人美術館の愉しみ
赤瀬川原平

個人美術館とは、一人の作家だけの美術館と、一人のコレクターによって作り上げられた美術館のこと。日本全国にある、魅力ある個人美術館を厳選。赤瀬川さんが紡ぐ46の物語。

978-4-334-03649-2

547
官僚を国民のために働かせる法
古賀茂明

官僚よ、省益ばかり優先したり、天下りポストの確保に奔走せずに今こそ「公僕意識」を取り戻せ！――霞が関を去った改革派官僚の旗手が満を持して立言する、日本再生の真の処方箋。

978-4-334-03650-8

548
男の一日一作法
小笠原敬承斎
相手を思う気持ちを先(遠く)へ先へと馳せることで、おのずとふるまいは美しくなる。この「遠慮」のこころを、訪問、食事、冠婚葬祭、服装、行動など、日常の作法を通して身につける。
978-4-334-03651-5

549
泣きたくないなら労働法
佐藤広一
働く人を守る法律・労働法には、知って得する情報が詰まっています。経営者も、労働者も、不安な時代に泣き寝入りしないための、ポイントを押さえたコンパクトな労働法入門。
978-4-334-03652-2

550
1勝100敗! あるキャリア官僚の転職記
大学教授公募の裏側
中野雅至
倍率数百倍の公募突破に必要なのは、コネ? 実力? それとも運? 本邦初、大学教員公募の実態をセキララに描く。非東大卒キャリア官僚による、トホホ公募奮戦記。
978-4-334-03653-9

551
手塚治虫クロニクル 1968~1989
手塚治虫
'68年~'89年の傑作選〝下巻〟。「ブラック・ジャック」「アドルフに告ぐ」や、絶筆となった「ルードウィヒ・B」を収録した豪華な一冊。上巻と合わせてテヅカがまる分かり!
978-4-334-03654-6

552
エリック・クラプトン
大友博
英国生まれの白人でありながらブルースを追い求め、多くの名作を残してきたクラプトン。長年取材を重ねてきた著者が、伝説のギタリストの実像と、その音楽世界の魅力に迫る。
978-4-334-03655-3